Kohlhammer

Soziale Arbeit – kompakt & direkt

Herausgegeben von Rudolf Bieker und Heike Niemeyer

Eine Übersicht aller lieferbaren und im Buchhandel angekündigten Bände der Reihe finden Sie unter:

 https://shop.kohlhammer.de/soziale-arbeit-kompakt-direkt

Die Autorin

Rebecca Löbmann, Prof. Dr. phil., Diplom-Psychologin, ist Professorin für das Lehrgebiet »Theorien der Sozialen Arbeit und Basisstrategien der Verhaltensmodifikation« in den Studiengängen Bachelor und Master Soziale Arbeit an der Technischen Hochschule Würzburg-Schweinfurt. Ihre Arbeitsschwerpunkte sind Verhaltensorientierte Soziale Arbeit, Studierendengesundheit, Wissenschaftstheorie, Resozialisierung und Kriminologie.

Rebecca Löbmann

Wissenschaftstheorie für die Soziale Arbeit

Eine Orientierung

Verlag W. Kohlhammer

Dieses Werk einschließlich aller seiner Teile ist urheberrechtlich geschützt. Jede Verwendung außerhalb der engen Grenzen des Urheberrechts ist ohne Zustimmung des Verlags unzulässig und strafbar. Das gilt insbesondere für Vervielfältigungen, Übersetzungen, Mikroverfilmungen und für die Einspeicherung und Verarbeitung in elektronischen Systemen.

Die Wiedergabe von Warenbezeichnungen, Handelsnamen und sonstigen Kennzeichen in diesem Buch berechtigt nicht zu der Annahme, dass diese von jedermann frei benutzt werden dürfen. Vielmehr kann es sich auch dann um eingetragene Warenzeichen oder sonstige geschützte Kennzeichen handeln, wenn sie nicht eigens als solche gekennzeichnet sind.

Es konnten nicht alle Rechtsinhaber von Abbildungen ermittelt werden. Sollte dem Verlag gegenüber der Nachweis der Rechtsinhaberschaft geführt werden, wird das branchenübliche Honorar nachträglich gezahlt.

Dieses Werk enthält Hinweise/Links zu externen Websites Dritter, auf deren Inhalt der Verlag keinen Einfluss hat und die der Haftung der jeweiligen Seitenanbieter oder -betreiber unterliegen. Zum Zeitpunkt der Verlinkung wurden die externen Websites auf mögliche Rechtsverstöße überprüft und dabei keine Rechtsverletzung festgestellt. Ohne konkrete Hinweise auf eine solche Rechtsverletzung ist eine permanente inhaltliche Kontrolle der verlinkten Seiten nicht zumutbar. Sollten jedoch Rechtsverletzungen bekannt werden, werden die betroffenen externen Links soweit möglich unverzüglich entfernt.

1. Auflage 2024

Alle Rechte vorbehalten
© W. Kohlhammer GmbH, Stuttgart
Gesamtherstellung: W. Kohlhammer GmbH, Stuttgart

Print:
ISBN 978-3-17-041909-4

E-Book-Formate:
pdf: ISBN 978-3-17-041910-0
epub: ISBN 978-3-17-041911-7

Vorwort der Reihenherausgeber*innen

Ergänzend zu klassischen Lehrbüchern geht es in der neuen Reihe »Soziale Arbeit – *kompakt & direkt*« um die vertiefende Bearbeitung spezieller Themen- und Fragestellungen aus der Sozialen Arbeit und ihren Bezugsdisziplinen, z. B. theoretische Konzepte, spezifische Methoden, Arbeitsfelder oder soziale Probleme. *Kompakt und direkt* heißt die neue Reihe, weil sie in der Präsentation der Inhalte auf das konzentriert ist, was Lernende über das ausgewählte Thema wissen und für Studienleistungen und Prüfungen zielgenau aufbereiten können sollten.

Zielgruppen der Reihe sind jedoch nicht nur Studierende im Bachelor- oder Masterstudium, sondern auch Berufseinsteiger*innen und Praktiker*innen, die autodidaktisch oder in Fortbildungen Anschluss an den aktuellen wissenschaftlichen Diskurs halten wollen.

Der fokussierte Zuschnitt der Bände spiegelt sich in einem innovativen Buchformat, das Leser*innen Überschaubarkeit im Umfang und eine gut strukturierte Textpräsentation bietet. Zentrale Sachverhalte werden anhand von Praxisbeispielen und Abbildungen veranschaulicht. Didaktische Elemente wie Begriffserläuterungen, Textcontainer, Reminder, Essentials, kurze Zusammenfassungen, Piktogramme etc. erleichtern das Erfassen, Speichern und Wiederaufrufen der Inhalte.

Die Autor*innen der Bände sind durch ihre wissenschaftliche Expertise ausgewiesen, schreiberfahren und stehen in der Regel mit Studierenden und Praxisfeldern in engem Kontakt.

Rudolf Bieker und Heike Niemeyer, Köln

Zu diesem Buch

Soziale Arbeit ruht auf den drei Säulen Studium, Praxis und Wissenschaft. Die Wissenschaftstheorie thematisiert grundlegende Unterschiede wissenschaftlicher Vorgehensweisen. Damit ist sie das Fundament aller drei Säulen:

Im *Studium* der Sozialen Arbeit ermöglichen wissenschaftstheoretische Kenntnisse eine bessere Einordnung der Studieninhalte. So basieren die verschiedenen Theorien der Sozialen Arbeit auf unterschiedlichen erkenntnis- und wissenschaftstheoretischen Ansätzen. Sie können vor diesem Hintergrund besser verstanden werden. Wissenschaftstheorie schafft hier ein orientierendes Grundgerüst.

In der *Praxis* der Sozialen Arbeit trägt die Beschäftigung mit unterschiedlichen wissenschaftstheoretischen Schulen zu einem fundamentalen Verständnis verschiedener Handlungsmethoden der Sozialen Arbeit bei, z. B. so unterschiedlicher Ansätze wie der Lebensweltorientierung oder der Verhaltensmodifikation. Denn diese Ansätze basieren auf unterschiedlichen wissenschaftstheoretischen Positionen. Somit schafft die Auseinandersetzung mit Wissenschaftstheorie die Basis für eine grundlegend akzeptierende Haltung gegenüber einer Vielfalt von Handlungsmethoden im Berufsalltag der Sozialen Arbeit.

In der *Wissenschaft* der Sozialen Arbeit führt die Auseinandersetzung mit wissenschaftstheoretischen Positionen zu einer fundamentalen Einsicht hinsichtlich verschiedener Forschungszugänge, z. B. hinsichtlich hypothesenprüfender und hypothesengenerierender Vorgehensweisen oder verschiedener Erhebungsverfahren. Wissenschaftstheorie gibt also auch in den sozialwissenschaftlichen Forschungsmethoden Orientierung.

Schließlich kann die Auseinandersetzung mit den verschiedenen Ansätzen der Wissenschaftstheorie auch die eigene Flexibilität und Kritikfähigkeit stärken. Wer sich gerade intensiv mit einem wissenschaftstheoretischen Ansatz beschäftigt und von den Vorteilen dieser Position überzeugt war, setzt sich in der Folge mit der Kritik an dieser Schule auseinander. Anschließend wird ein weiterer Ansatz kennengelernt, Wissenschaft zu betreiben, der diese Schwächen scheinbar nicht hat. Nur um wenig später zu erkennen, dass auch diese Position ihre Nachteile hat. Auf diese Weise wird gelernt, selbst wissenschaftlich zu denken, und das ist der wichtigste Output eines Hochschulstudiums.

Zusammenfassend trägt Wissenschaftstheorie zur Orientierung in Ausbildung und Praxis bei. Sie fördert multiperspektivisches und interdisziplinäres Denken und stärkt die eigene kritische Reflexionsfähigkeit. Um diese Ziele zu erreichen, wird in diesem Buch zunächst eine allgemeine Einführung in den Gegenstand der Wissenschaftstheorie gegeben (▶ Kap. 1). Anschließend wird im zweiten Kapitel »Erkenntnistheoretische Grundlagen der Wissenschaftstheorie« über die Grenzen unserer Erkenntnisfähigkeit reflektiert (▶ Kap. 2). Darauf aufbauend stellen das dritte und vierte Kapitel einzelne wissenschaftstheoretische Schulen vor. Das dritte Kapitel »Wissenschaftsleitende Ansätze« behandelt dabei solche Schulen, die einen bestimmten wissenschaftlichen Erkenntnisprozess als bindende wissenschaftliche Methode favorisieren (▶ Kap. 3). Demgegenüber werden im vierten Kapitel »Wissenschaftshistorische Ansätze« diejenigen Positionen dargestellt, die wissenschaftliche Erkenntnisprozesse so beschreiben, wie sie in der wissenschaftlichen Praxis tatsächlich ablaufen bzw. abgelaufen sind (▶ Kap. 4).

In diesem Zusammenhang sei darauf hingewiesen, dass die Wissenschaftstheorie mehr Themen umfasst als in diesem Band dargestellt werden können. Dies sind z. B. die Rolle von Wahrscheinlichkeiten und Statistik in den Wissenschaften, Probleme einer Ethik der Wissenschaften oder der Einfluss sozialer Bewegungen, wie Umweltaktivismus und Feminismus. Auch entwickelt die Autorin keine eigene Theorie darüber, was Wissenschaft ist. Dagegen orientiert sich der vorliegende Band »Wissenschaftstheorie für die Soziale Arbeit« am didaktischen Konzept der Reihe »Soziale Arbeit – kompakt & direkt«, in knapper und akzentuierter Form Wissen zu vermitteln. Dieses Ziel ist nur durch Auslassen und Begrenzen zu erreichen. Im Sinne einer grundlegenden Einführung wurde diese Auswahl so getroffen, dass gut verständliche und sich deutlich unterscheidende wissenschaftstheoretische Ansätze gegenübergestellt werden.

Insgesamt ist das Buch als leicht lesbare Einführung für Bachelorstudierende der Sozialen Arbeit konzipiert. Dabei folgen die Leser*innen der Geschichte von Mika, einer zukünftigen Sozialarbeiterin. Ihr begegnen zunächst im Praktikum und im späteren Berufseinstieg immer wieder Situationen, in denen ihr ihre wissenschaftstheoretischen Kompetenzen weiterhelfen. Auch sei auf die Reflexionsfragen am Ende jedes Kapitels hingewiesen. Diese Fragen fordern dazu auf, über die in dem jeweiligen Kapitel präsentierten Inhalte hinauszudenken. Es wird daher empfohlen, diese Fragen mit Kommiliton*innen, bspw. in einer Lerngruppe, zu diskutieren.

Rebecca Löbmann

Inhalt

Vorwort der Reihenherausgeber*innen		5
Zu diesem Buch		6
1 Einführung		**13**
1.1	Wissen	13
1.2	Wissenschaft	15
1.3	Wissenschaftstheorie	18
2 Erkenntnistheoretische Grundlagen der Wissenschaftstheorie		**22**
2.1	Basispositionen der Erkenntnistheorie	22
2.1.1	Realismus	24
2.1.2	Idealismus	25
2.1.3	Empirismus	26
2.1.4	Rationalismus	27
2.2	Konstruktivismus	31
2.2.1	Konstruierte Wirklichkeit	31
2.2.2	Selbstbezüglichkeit	32
2.2.3	Viabilität	33
2.2.4	Kontingenz	34
2.2.5	Anwendungen in der Sozialen Arbeit	35
2.2.6	Konstruktivismus in der Kritik	36
3 Wissenschaftsleitende Ansätze		**39**
3.1	Phänomenologie	39
3.1.1	Erkenntnis des Wesens der Dinge	39

	3.1.2	Phänomenologische und eidetische Reduktion	41
	3.1.3	Theoriefreie Forschung	44
	3.1.4	Vorurteilsfreie Praxis	46
	3.1.5	Nachfolger Husserls	46
	3.1.6	Einwände aus der Praxis	47
3.2	Hermeneutik		49
	3.2.1	Hermeneutik als Philosophie des Verstehens	49
	3.2.2	Facetten des Verstehensprozesses	51
	3.2.3	Einbindung von Vorwissen in die Forschung	55
	3.2.4	Verstehen in der Praxis	56
	3.2.5	Kritik an der Subjektivität der Hermeneutik	57
3.3	Kritische Theorie		59
	3.3.1	Dialektik der Aufklärung	59
	3.3.2	Kritik als Methode	61
	3.3.3	Missstände der modernen Gesellschaft	63
	3.3.4	Gesellschaftsverändernde Forschung	65
	3.3.5	Gesellschaftskritische Praxis	66
	3.3.6	Praxisferne als Vorwurf an die Kritischen Theorie	67
3.4	Logischer Empirismus		69
	3.4.1	Grundlagen im Empirismus	70
	3.4.2	Induktive Schlussfolgerungen	70
	3.4.3	Empirisch fundierte Aussagen	75
	3.4.4	Systematische Beobachtungen in der Sozialen Arbeit	76
	3.4.5	Induktionsproblem und weitere Einwände	77
3.5	Kritischer Rationalismus		79
	3.5.1	Falsifikation	80
	3.5.2	Widerlegbare Theorien und nachprüfbare Beobachtungen	82
	3.5.3	Ablehnung von Ad-hoc-Modifikationen	84
	3.5.4	Beständige Überprüfung von Annahmen in der Praxis	85
	3.5.5	Positivismusstreit und weitere Kritikpunkte	86

Inhalt

4 Wissenschaftshistorische Ansätze **89**
4.1 Paradigmentheorie 89
    4.1.1 Paradigmen als unterschiedliche Sicht auf die Welt 89
    4.1.2 Von der Vor-Wissenschaft zur Normalwissenschaft 91
    4.1.3 Von der Normalwissenschaft zur Revolution 92
    4.1.4 Impulse für die Soziale Arbeit 95
    4.1.5 Kritik an der Paradigmentheorie 96
4.2 Methodologie der Forschungsprogramme 98
    4.2.1 Forschungsprogramme als Reihen von Theorien 99
    4.2.2 Progressive und degenerative Forschungsprogramme 102
    4.2.3 Wechsel von Forschungsprogrammen 103
    4.2.4 Geringer oder hoher Erklärungswert für die Soziale Arbeit? 104
    4.2.5 Reflexion der Vor- und Nachteile des Ansatzes 105
4.3 Anarchistische Wissenschaftstheorie 108
    4.3.1 Erfolgreiche Missachtung wissenschaftlicher Regeln 108
    4.3.2 Einschränkung durch wissenschaftliche Regeln 110
    4.3.3 Anything goes 111
    4.3.4 Bedeutung für die Soziale Arbeit 114
    4.3.5 Kritische Einwände 115

Fazit: Wissenschaftstheorie für die Soziale Arbeit **118**

Literaturverzeichnis **121**

1 Einführung

> **☞ Überblick**
>
> In der Einführung wird erklärt, was unter »Wissenschaftstheorie« zu verstehen ist. Dazu wird zunächst der Begriff »Wissen« definiert, um anschließend auf die Merkmale von »Wissenschaft« einzugehen. Außerdem wird aufgezeigt, welche Bedeutung die Auseinandersetzung mit verschiedenen wissenschaftstheoretischen Ansätzen für die Soziale Arbeit hat. Das Kapitel beginnt mit einem Fallbeispiel, anhand dessen im weiteren Verlauf einige wichtige Aspekte von »Wissen« und »Wissenschaft« verdeutlicht werden sollen.

1.1 Wissen

Folgende Definition des Wissens wird Platon (428/427–348/347 v. Chr.) zugeschrieben: »Wissen ist wahre gerechtfertigte Meinung«. Folgendes Praxisbeispiel mag dies illustrieren.

Fallbeispiel

Mika studiert im 5. Semester Soziale Arbeit und macht ihr Halbjahrespraktikum an einer Realschule in der Schulsozialarbeit. Ihr Anleiter, Herr Demir, bittet sie, ein gutes Training zur Medienkompetenz von

Jugendlichen ausfindig zu machen. Sofort muss Mika daran denken, dass ihr Bruder Josch ihr mal von einem Workshop zur Medienkompetenz an seiner Schule erzählt hat, der ziemlich gut gewesen sei. Sie finden noch ein paar alte Arbeitsblätter und bekommen heraus, dass das Programm von damals PROTECT hieß. Aber dann denkt sich Mika: »Ich kann ja jetzt nicht einfach so zu Herrn Demir gehen und sagen, dass mein Bruder an PROTECT teilgenommen und es gut gefunden hat. Das ist mir irgendwie zu unwissenschaftlich.« Also recherchiert sie im Internet und stößt auf die Grüne Liste Prävention des Landespräventionsrats Niedersachsen (http://gruene-liste-praevention.de). Hier werden die verschiedensten Präventionsprogramme für Kinder und Jugendliche hinsichtlich ihrer Wirksamkeit nach wissenschaftlichen Kriterien bewertet. Mika schaut sich die Ergebnisse zum Programm PROTECT (Professioneller Umgang mit technischen Medien) (Lindenberg 2018) an. PROTECT ist tatsächlich eines von den grünen, d. h. den gut evaluierten Programmen. Am nächsten Morgen stellt sie Herrn Demir das Programm vor. Als er nachfragt, kann sie begründen, warum das ein wirksames Programm sein dürfte. Daraufhin schlägt ihr Herr Demir vor, diesen Workshop mit ihm zusammen an der Schule anzubieten.

Wenn Mika die Meinung ihres Bruders, PROTECT sei ein gutes Präventionsprogramm, einfach nur wiedergeben würde, dann ist es fraglich, ob hier von Wissen gesprochen werden kann. Denn diese Aussage ist zunächst mal nur eine Meinung im Sinne von einem Glauben oder einer Annahme. Mika muss eine Rechtfertigung in Form verlässlicher Belege dafür finden. Eine Evaluationsstudie, wie sie sie auf der Webseite der Grünen Liste Prävention gefunden hat, ist ein solcher, verlässlicher Beleg. Wissen ist also nicht nur die bloße Wiedergabe von Aussagen anderer und beruht erst recht nicht nur auf einem Bauchgefühl. Wenn es sich wirklich um Wissen handelt, dann sind gute Argumente dafür verfügbar, dass etwas wahr ist.

Dies führt zu weiteren philosophischen Fragen, nämlich was Wahrheit überhaupt ist und worin eine gute Rechtfertigung bzw. Begründung besteht, auf die aber im vorliegenden Rahmen nicht näher eingegangen werden kann (zum Überblick: Gloy 2004).

1.2 Wissenschaft

Um sich dem Begriff der Wissenschaft zu nähern, sei zunächst die Frage aufgeworfen, wozu wir eigentlich Wissenschaft betreiben. Wir können ein konkretes Problem lösen: Zum Beispiel führen wir mit einer schüchternen Klientin Rollenspiele durch, damit sie anschließend selbstsicherer in Bewerbungsgesprächen auftreten kann. Das reicht uns in der Praxis erst einmal aus, aber Wissenschaft ist das noch nicht. Würden wir hingegen in einer Studie untersuchen, ob Klient*innen, die soziale Kontakte in Rollenspielen geübt haben, anschließend sozial kompetenter auftreten als Personen, die dies nicht getan haben, dann wäre das ein wissenschaftliches Vorgehen.

Wir können auch etwas grundlegend verbessern: Zum Beispiel entwickeln wir unsere Gesprächsführungskompetenz weiter und bauen anschließend eine bessere Beziehung zu unseren Klient*innen auf. Dabei interessiert uns letztlich nur, dass die Beziehung hinterher besser ist als vorher. Aber auch das ist noch keine Wissenschaft. Würden wir hingegen eine Theorie entwickeln, welche Elemente unserer Gesprächsführung welche Reaktionen bei den Klient*innen hervorrufen und wieso diese Reaktionen wiederum Vertrauen und Offenheit fördern, dann wäre das ein wissenschaftliches Vorgehen.

Was ist also Wissenschaft? Wissenschaft ist, wenn Menschen das, was sie untersuchen, im Prinzip verstehen wollen. Sie wollen wissen, wie die Dinge zusammenhängen, wie sich etwas erklären und verstehen lässt. Diese Haltung der Unruhe, der nie versiegenden Neugier, kennzeichnet Wissenschaft.

Im Alltag nehmen wir Erklärungen, die für verschiedene Phänomene gelten, aufgrund von Erfahrungen und unserem ›gesunden Menschenverstand‹ meist vorbehaltlos hin. Unsere Erfahrungen unterliegen jedoch allen möglichen Verzerrungen. Bspw. merken wir uns auffällige Ereignisse – es regnet und ich habe keinen Schirm dabei – besser als unauffällige Ereignisse – es regnet und ich habe einen Schirm dabei. Wir überschätzen dann die Häufigkeit solcher Ereignisse in unserer Erinnerung (sog. »Verfügbarkeitsheuristik«, Tversky & Kahneman 1973).

1 Einführung

Systematisch herausfinden zu wollen, ob etwas tatsächlich der Fall ist oder nur fälschlicherweise geglaubt wird, ist dagegen die Idee der Wissenschaft. Wissenschaft sieht sich somit dem Ideal der Wahrheit verpflichtet (Tetens 2013, 17) – einer Wahrheit, die unabhängig von der jeweiligen Person des*der Wissenschaftler*in Geltung hat. Eine bestimmte Wissenschaftsdisziplin wird dabei durch ihren Gegenstand, ihre Methode, die Reflexion der Methode und ihre Sprache charakterisiert. Für die Soziale Arbeit könnte dieser Gegenstand bspw. »Soziale Probleme« sein.

Um davon auszugehen, dass etwas wahr ist, muss es gut begründet sein. Daher gehen Wissenschaftler*innen nach wissenschaftlichen Methoden vor: Die einzelnen Verfahrensschritte laufen nach bestimmten Regeln ab und werden dokumentiert. Selten reicht dabei die Alltagssprache für den Unterscheidungsreichtum und die Genauigkeit, die die Wissenschaft einfordert, aus. Denn Forschungsfrage, -methode und -ergebnis sind sprachlich so genau, verständlich und eindeutig darzustellen, dass sie für andere Wissenschaftler*innen nachvollziehbar werden. Daher enthält die Sprache einer bestimmten Wissenschaft viele Ausdrücke und Wendungen, die aus der Alltagssprache nicht bekannt sind.

Indem Methoden und Ergebnisse in der entsprechenden Fachsprache dargelegt werden, werden sie für andere Wissenschaftler*innen nachvollziehbar und überprüfbar. Diese Intersubjektivität ist wichtig, weil Wissenschaft arbeitsteilig und kooperativ ist: Ein Mensch allein kann nicht alle Fragen eines bestimmten Fachgebiets klären. Es gibt vielmehr eine wissenschaftliche Gemeinschaft – ein soziales Gefüge von Wissenschaftler*innen, die die gleichen Fragen beantworten wollen. Zum Beispiel hat Mika die Grüne Liste Prävention entdeckt. Hierbei handelt es sich um ein Forum für Wissenschaftler*innen und Praktiker*innen, die sich für Präventionsprogramme für Kinder und Jugendliche interessieren. Diese Personen möchten nachvollziehen können, ob die Wirksamkeit der einzelnen Programme gut überprüft wurde.

Schließlich besitzt das wissenschaftliche Verfahren ein Charakteristikum, das keine andere Methode des Erkenntniserwerbs aufweist: die Selbstkorrektur. Es wird z. B. hinterfragt, in welchem Kontext, mit welchem Interesse und mit welchen Methoden bestimmte Erkenntnisse gewonnen worden sind. Die Reflexion der Methode und die damit verbundene Öffnung für Fragen und Kritik an der eigenen Forschung sind ein wesentliches Kriterium wissenschaftlichen Arbeitens. Doch nicht nur der sog. Peer-Review ist wichtig, sondern auch der kritische Blick auf die eigene geleistete Arbeit. Dazu gehört die stetige Bereitschaft, die gewonnenen Erkenntnisse neu zu hinterfragen und falls nötig zu revidieren. Zweifel an zuvor getroffenen Aussagen ist somit durchaus typisch für das wissenschaftliche Vorgehen. Der Soziologe Niklas Luhmann hat dies folgendermaßen ausgedrückt:

»In der Interpretation von Wahrnehmungen des Alltags entstehen normalerweise keine Zweifel. Eine Rose, die man sieht, ist eine Rose, oder jedenfalls doch eine Blume. Ganz anders die Interpretation der Ergebnisse von Experimenten oder sonstigen wissenschaftlichen *Daten*. Durch Wissenschaft wird nicht Sicherheit, sondern gerade Unsicherheit gesteigert, in gerade noch tolerierbaren Grenzen« (Luhmann 1990, 325f., Herv. i.O.).

Alle Erkenntnisbemühungen, die die oben beschriebenen Merkmale aufweisen, dürfen Wissenschaft genannt werden, unabhängig von ihren spezifischen Themengebieten oder Methoden. Gleichwohl bestehen natürlich große Unterschiede zwischen bspw. der Quantenphysik und der Literaturwissenschaft. Eine vorläufige, grobe Unterscheidung der Wissenschaftsdisziplinen bietet dabei die Kategorisierung nach Natur- und Geisteswissenschaften. Gegenstand von Naturwissenschaften wie Physik, Chemie, Biologie und Medizin sind Zusammenhänge in der Natur. Das Ziel ist es, deren generelle Struktur zu verstehen. In der Regel lassen sich die Gegenstände dieser wissenschaftlichen Disziplinen exakt messen und formal beschreiben.

Die Geisteswissenschaften, z.B. Literaturwissenschaften, Rechtswissenschaften, Religionswissenschaften oder Kunstgeschichte, haben dagegen kulturelle Hervorbringungen des Menschen zum Gegenstand. Diese gilt es zu bewahren, zu beschreiben und zu verstehen. Die Unterschiede zwischen verschiedenen Kulturen und Epochen sind zu untersuchen. Auf diese Gegenstände sind die Techniken der Naturwissenschaften nur begrenzt anzuwenden. Vielmehr sind die bevorzugten Arbeitsweisen der Geisteswissenschaften die sog. qualitativen Methoden (s.u.), die in der Regel auf Sprache basieren. Bspw. werden hier literarische Texte entsprechend interpretiert.

Die Wissenschaft Soziale Arbeit ist nun weder eine Natur- noch eine Geisteswissenschaft, sondern eine Sozialwissenschaft. Typische weitere

1 Einführung

Sozialwissenschaften sind die Soziologie, die Politikwissenschaften und viele mehr. Ihr Gegenstand ist das Individuum in der Gesellschaft. Individuelles Erleben und Verhalten sowie soziale Zusammenhänge können dabei mit quantitativen Methoden, aber auch mit qualitativen Methoden erfasst werden.

Die quantitativen Methoden arbeiten ähnlich der Vorgehensweise in den Naturwissenschaften mit Messverfahren, die ein numerisches Quantifizieren ermöglichen. Ein Fragebogen, bei dem die Befragten die Fragen durch Ankreuzen auf einer abgestuften Skala, z. B. von 1 = sehr schlecht bis 5 = sehr gut, beantworten, ist bspw. ein quantitatives Messverfahren. Häufig werden mit solchen Fragebögen große Stichproben untersucht, um die Ergebnisse anschließend verallgemeinern zu können. Als qualitative Methoden werden in den Sozialwissenschaften in der Regel in die Tiefe gehende Interviews eingesetzt. Es geht hier um den Sinn, den Menschen Dingen zuschreiben und die subjektive Deutung von Sachverhalten durch die Befragten. Der Forschungsprozess ist dabei sowohl während der Datenerhebung als auch bei der Datenauswertung offener und reflexiver als bei den quantitativen Verfahren.

Die einzelnen sozialwissenschaftlichen Disziplinen legen den Fokus unterschiedlich stark auf die eine oder die andere Vorgehensweise. Insofern können die Sozialwissenschaften als eine Art Zwitter zwischen den Natur- und den Geisteswissenschaften betrachtet werden. Die Psychologie als wichtige Bezugswissenschaft der Sozialen Arbeit bedient sich zudem dezidiert auch naturwissenschaftlich-experimenteller Methoden.

1.3 Wissenschaftstheorie

»Wissenschaftstheorie« beschäftigt sich damit, was Wissenschaft ausmacht, wie sie vorgehen sollte und was sie zu leisten im Stande ist. Sie ist ein Teilgebiet der Philosophie, was durch die englische Bezeichnung ›Philosophy of Science‹ treffend zum Ausdruck kommt. Die Fragestellungen der Wissenschaftstheorie wurden im Laufe der Zeit von verschiedenen wis-

1.3 Wissenschaftstheorie

senschaftstheoretischen Schulen unterschiedlich beantwortet. Diese verschiedenen Ansätze unterscheiden sich u. a. in ihren Annahmen darüber, wie wir die Wahrheit von etwas überhaupt erkennen können und wie wir zu Theorien gelangen. Auch welchen Stellenwert Befunde aus Beobachtungen und/oder Experimenten haben, wird unterschiedlich gesehen. Hinsichtlich der Frage, ob es wissenschaftlichen Fortschritt gibt und, wenn ja, wie er aussieht, finden sich ebenfalls verschiedene Positionen. Diese Grundannahmen haben wiederum konkrete Auswirkungen darauf, welche Forschungsmethoden eingesetzt werden.

Aber auch in der Praxis der Sozialen Arbeit spielt es eine wichtige Rolle, aus welcher wissenschaftstheoretischen Denktradition eine Person kommt. Ist eine Fachkraft bspw. eher geisteswissenschaftlich-hermeneutisch orientiert (▶ Kap. 3.2), wird auf eine empathische Beziehung zwischen Sozialarbeiter*in und Klient*in sehr viel Wert gelegt. Auf dieser Grundlage kann sich die ratsuchende Person entfalten und wird dabei von der sozialpädagogischen Fachkraft unterstützt. Bei einer eher naturwissenschaftlichen Orientierung im Sinne des Kritischen Rationalismus (▶ Kap. 3.5) ist das hypothesengeleitete und hypothesenprüfende Vorgehen zentral. Der Fokus liegt auf der Erkenntnis der Ursachen der Problematik und der Überprüfung der Wirksamkeit der darauf abgestimmten Interventionen. Verschiedene wissenschaftstheoretische Positionen bedingen also verschiedene Haltungen und Schwerpunkte in der beruflichen Praxis.

Schließlich greift die Soziale Arbeit auch auf Erkenntnisse ihrer Bezugswissenschaften wie der Soziologie, der Psychologie, der Medizin und der Rechtswissenschaft zurück. Diese Bezugswissenschaften stehen ebenfalls bestimmten wissenschaftstheoretischen Grundlagen näher als anderen. Um zu verstehen, was das Charakteristische an der Denkweise einer Bezugsdisziplin ist, welche Fragen sie beantwortet und welche sie nicht beantworten kann, hilft also die Auseinandersetzung mit den verschiedenen Wissenschaftstheorien.

Auf den Punkt gebracht

In diesem Einführungskapitel wurden die Begriffe »Wissen«, »Wissenschaft« und »Wissenschaftstheorie« erläutert. Dabei wurde dargelegt, dass als Wissen nur solche Erkenntnis gelten kann, die auch begründet werden kann. Wissenschaftliche Methoden gelten dabei als besonders zuverlässige Begründungen. Neben der Methode zeichnet sich eine Wissenschaft auch durch einen bestimmten Gegenstand und eine spezifische Sprache aus. Am wichtigsten ist jedoch der Wahrheitsanspruch der Wissenschaft, weswegen sie ihre Methoden offen darlegt und der Kritik aussetzt. Wissenschaftstheorie kann schließlich als philosophisches Nachdenken über Wissenschaft bezeichnet werden. Dies ist für die Soziale Arbeit konkret relevant, da Wissenschaftstheorie sozusagen die Grundlage aller Wissenschaften und somit auch der Sozialarbeitswissenschaft sowie aller wichtigen Bezugswissenschaften der Sozialen Arbeit bildet. Den verschiedenen Theorien, Handlungsmethoden und Forschungsmethoden in der Sozialen Arbeit liegen unterschiedliche Wissenschaftstheorien zugrunde, so dass wissenschaftstheoretische Kenntnisse ein besseres Verständnis ebenjener ermöglichen.

Reflexionsfragen

- Grenzen Sie Alltagswissen und wissenschaftliches Wissen voneinander ab. Was ist das Ziel von Wissenschaft und wie wird versucht, dieses Ziel zu erreichen?
- »Die Beschäftigung mit Wissenschaftstheorie kostet mich nur unnütz Zeit und bringt mir für mein Studium und für meine praktische Tätigkeit gar nichts«. Nehmen Sie zu dieser Aussage Stellung.
- An der Schule, in der Mika ihr Praktikum macht, arbeitet auch eine Schulpsychologin. Als sie ihr von ihren Recherchen zum Programm PROTECT erzählt, reagiert sie erstaunt. Sie habe bislang immer den Eindruck gehabt, in der Sozialen Arbeit ginge es hauptsächlich um eine gute gelingende Praxis, weniger um Wissenschaft. Finden Sie Argumente dafür, dass Soziale Arbeit eine Wissenschaft ist.

Weiterführende Literatur

Chalmers, Alan F. (2007): Wege der Wissenschaft. Einführung in die Wissenschaftstheorie. Berlin: Springer.

Kriz, Jürgen, Lück, Helmut E. & Heidbrink, Horst (Hrsg) (1990): Wissenschafts- und Erkenntnistheorie (2. Aufl.). Opladen: Leske + Budrich.

2 Erkenntnistheoretische Grundlagen der Wissenschaftstheorie

2.1 Basispositionen der Erkenntnistheorie

> **Überblick**
>
> Wissenschaftstheorie befasst sich damit, wie wissenschaftliche Erkenntnis am besten erreicht werden kann (▶ Kap. 1). Die Erkenntnistheorie versucht darüber hinaus, die Frage zu beantworten, wie Erkenntnis überhaupt möglich ist – gleichgültig, ob wissenschaftliche oder unwissenschaftliche Erkenntnis. Die Erkenntnistheorie ist somit die Grundlage der Wissenschaftstheorie. Im Folgenden werden vier erkenntnistheoretische Basispositionen – Realismus, Idealismus, Empirismus und Rationalismus – dargestellt.

In der Erkenntnistheorie geht es um zwei Kernfragen: Die erste Frage lautet, ob es überhaupt vorstellbar ist, etwas objektiv zu erkennen. Hier nehmen Realismus und Idealismus gegensätzliche Positionen ein. Die zweite Frage ist, ob Erfahrung oder das Nachdenken über Zusammenhänge die entscheidende Erkenntnisquelle ist. Hier stehen sich Empirismus und Rationalismus gegenüber. Dies lässt sich nach einer Idee von Westermann (1987, 6) auch in einem Koordinatenkreuz darstellen (▶ Abb. 1). Eine bestimmte Wissenschaftstheorie kann hinsichtlich ihrer erkenntnistheoretischen Grundlagen somit auf zwei Dimensionen verortet werden.

Diese beiden Kernfragen der Erkenntnistheorie sind auch für sozialpädagogische Fachkräfte von hoher Relevanz: Wie werden wir in der Praxis

2.1 Basispositionen der Erkenntnistheorie

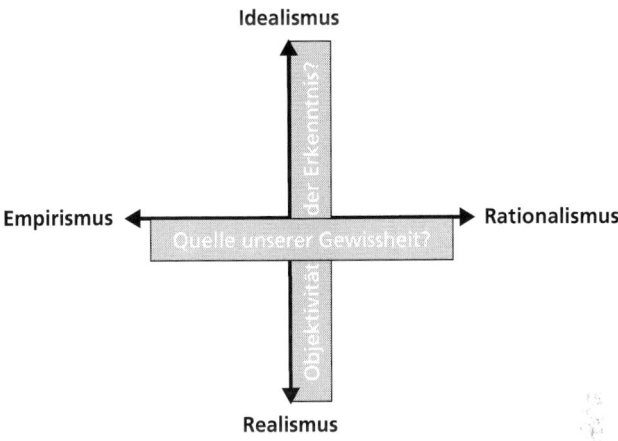

Abb. 1: Vier erkenntnistheoretische Positionen (eigene Darstellung)

bei der Erkenntnis sozialer Probleme von unseren Vorkenntnissen beeinflusst und welchen Stellenwert messen wir empirischen Beobachtungen zu? Auch im Studium sind diese Kenntnisse wichtig: So bauen einige Theorien der Sozialen Arbeit direkt auf bestimmten Erkenntnistheorien auf, z. B. das Systemtheoretische Paradigma Sozialer Arbeit nach Obrecht (2000) auf dem Realismus. Viele Theorien lassen sich besser begreifen, wenn die entsprechenden erkenntnistheoretischen Grundlagen betrachtet werden.

In Kapitel 1 wurde ein Fallbeispiel geschildert, in dessen Zentrum Mika, eine Studentin der Sozialen Arbeit im Praktikum, stand (▶ Kap. 1). Anhand einer weiteren Situation, der Mika im Praktikum begegnet, soll die Frage aufgeworfen werden, welche Rolle erkenntnistheoretische Überzeugungen in der Praxis spielen können.

Fallbeispiel

Mika ist jetzt schon vier Monate im Praktikum, und es läuft recht gut. Der Workshop PROTECT war ein großer Erfolg. Heute darf Mika zum ersten Mal allein die Schülersprechstunde abhalten. Sie wartet auf Talat. Er war schon öfter in der Sprechstunde, hat aber immer mit Herrn Demir gesprochen, und Mika hat nur ab und zu einmal zugehört. Bei

2 Erkenntnistheoretische Grundlagen der Wissenschaftstheorie

Talat geht es um Berufsberatung. Er ist in der 9. Klasse und will Polizist werden. Da klopft es und Talat kommt herein. Bei seinem Anblick erschrickt sich Mika richtig, so dünn, ja richtig mager kommt er ihr vor. Vor acht Wochen, als sie ihn das letzte Mal gesehen hat, war er zwar nicht übergewichtig, lag aber ihrem Eindruck nach etwas über Normalgewicht. Aber jetzt ist er wirklich sehr, sehr schlank geworden. Mika fragt sich, ob Talat vielleicht Magersucht hat, und sie ihn an die Schulpsychologin weitervermitteln soll. Aber kann sie ihrer Erkenntnis trauen? Sie möchte ja auch nicht zu einer vorschnellen Etikettierung beitragen.

2.1.1 Realismus

Die realistische Erkenntnistheorie nimmt an, dass objektive Erkenntnis möglich ist. Dabei bezeichnet der Begriff der Objektivität hier nicht eine neutrale Einstellung, sondern bezieht sich darauf, dass es eine Wirklichkeit (als Objekt) gibt, die unabhängig vom Menschen (dem Subjekt) existiert. Diese Wirklichkeit, ihre Strukturen und Gesetze, kann der Mensch grundsätzlich erkennen. Ein bestimmter Gegenstand kann also so erkannt werden, wie er wäre, bevor er im Erlebnisbereich des Subjekts erscheint: Als Realistin traut Mika ihrer Beobachtung, dass Talat sehr schlank geworden ist, und geht davon aus, dass das auch wirklich so ist.

Für die realistische Position sprechen vor allem zwei Argumente. Zum einen ist der Erfolg der Wissenschaften ohne die Annahme des Realismus schwer zu erklären: Wenn unsere Erkenntnis der Welt nicht zutreffend wäre, dann könnte die Ingenieurskunst wohl kaum in einer Art und Weise auf wissenschaftlichen Erkenntnissen aufbauen, die es uns ermöglicht, zum Mond zu fliegen oder zu telefonieren. Zum anderen nehmen viele Menschen bestimmte Sachverhalte anscheinend genauso wahr wie wir. Dies kommt auch im folgenden, Aristoteles (384–322 v. Chr.) zugeschriebenen Zitat zum Ausdruck: »Eine Überzeugung, die alle Menschen teilen, besitzt Realität.«

2.1.2 Idealismus

Die folgende Abbildung zeigt die Rubin'sche Vase (▶ Abb. 2): Üblicherweise sehen die Betrachter*innen hier entweder als erstes eine Vase oder zwei gegenüberliegende Gesichtsprofile. Dennoch ist das Bild auf ihrer Netzhaut das gleiche. Wenn den Betrachtenden allerdings vorher mitgeteilt wird, dass es sich entweder um eine Vase oder um Gesichter handelt, sehen sie tatsächlich eher die eine oder die andere Variante. Insofern bestimmen ihre Vorannahmen, was sie sehen.

Abb. 2: Rubin'sche Vase (Rubin, 1921; Emil~commonswiki, CC BY-SA 3.0, https://commons.wikimedia.org/wiki/File:Facevase.png?uselang=de)

Der Idealismus berücksichtigt nun, dass wir die Realität entsprechend unserer Vorerfahrung strukturieren. Zwar nimmt er ebenso wie der Realismus an, dass eine Außenwelt existiert, nur geht er davon aus, dass wir diese nicht objektiv erkennen können. Vielmehr bildet sie sich in unserem Bewusstsein auf eine für uns individuell typische Art und Weise ab. Für die idealistische Position spricht der Umstand, dass wir bei der Wahrnehmung unserer Außenwelt immer nur bestimmte Aspekte beachten, andere hingegen ignorieren und daher die Realität nicht in vollem Umfang wiedergeben. Mika könnte bspw. im Nachhinein nicht mehr sagen, welche Schuhe Talat angehabt hat.

Erkenntnis ist also subjektiv. Die Erkenntnis der Wirklichkeit ist sozusagen untrennbar mit dem Subjekt verbunden. Auch Mika könnte in ihrer Kenntnis subjektiv geprägt sein: Sie hat sich im letzten Semester in der Vorlesung Klinische Psychologie mit Essstörungen beschäftigt. Vielleicht sieht sie jetzt sozusagen jegliche Gewichtsveränderungen von Personen aus ihrem Umfeld erst einmal unter dieser Perspektive. Der Gedanke, dass die Ideen des Menschen die bestimmenden Kräfte bei seinem Zugang zur Wirklichkeit sind, geht auf Platon zurück und findet sich im Deutschen Idealismus wieder (u. a. Kant, Fichte, Schelling, Hegel). Für Kant war eine Idee »nichts anderes als der Begriff von einer Vollkommenheit, die sich in der Erfahrung noch nicht vorfindet« (1803, 374), also ihr vorausgeht.

Die oben geschilderte Form des Idealismus wird auch »Possibilistischer Idealismus« genannt und von den meisten Idealisten vertreten. Davon abzugrenzen ist der extremere »Solipsismus«, demzufolge nur das eigene Ich existiert: Nichts beweist dem Ich, dass Gegenstände auch außerhalb von ihm existieren. Folgendes bekanntes Gedankenexperiment des Philosophen Hilary Putnam (1982, 5 f.) mag dies illustrieren: Es wäre denkbar, dass ich selbst nur ein an einen Computer angeschlossenes Gehirn in einem Tank bin. Der Computer sendet elektrische Impulse an die Nervenenden, die sorgfältig so berechnet sind, dass das Gehirn eine simulierte Realität wahrnimmt. Es gäbe dann keine Möglichkeit, festzustellen, was wirklich ist und was nicht. Das Gehirn-im-Tank-Motiv kommt auch in der Populärkultur vor. Ein bekanntes Beispiel ist der Film »Matrix« (USA 1999).

2.1.3 Empirismus

Der Empirismus geht davon aus, dass alles Wissen auf Erfahrung beruht. Solches Wissen wird »Wissen a posteriori« genannt – also Wissen, dass zeitlich nach einem bestimmten Vorgang, dem Vorgang des Wahrnehmens und Beobachtens, gewonnen wird (»post« lat. für »nach«). So werden bspw. in empirischen Studien Daten zu einem bestimmten Phänomen gesammelt. Dabei muss es nicht immer um die Erfassung von Objekten gehen, auch das Verhalten von Personen kann beobachtet und das Erleben ihrer inneren Zustände erfragt werden. Bspw. könnte Mika Talat danach fragen, wieviel Sport er treibt und ob er eine Diät macht. Talat könnte ihr

z. B. berichten, dass er jeden Tag ins Fitnessstudio geht. Außerdem würde er ihr erzählen, dass er nach jeder Mahlzeit auf dem Balkon mit einem Springseil 200 mal hüpft, um sich die aufgenommenen Kalorien wieder abzutrainieren. Weiterhin könnte er angeben, wegen ihres Kaloriengehalts keine Milch mehr in den Kaffee zu geben und darauf zu achten, nicht mehr als 1500 Kcal pro Tag zu sich zu nehmen. Da solche Verhaltensweisen symptomatisch für Magersucht sind, würden diese empirischen Daten entscheidend zu Mikas weiterem Erkenntnisprozess beitragen.

Letztlich fordert der Empirismus also dazu auf, sorgfältig und unvoreingenommen zu beobachten, um Wissen zu gewinnen. Dies ist zunächst einmal eine plausible Vorgehensweise. Nicht wenige empirisch arbeitende Sozialwissenschaftler*innen könnten als Empirist*innen bezeichnet werden, die über Beobachtung, Befragung und Experiment Daten sammeln und versuchen, aus diesen Gesetzmäßigkeiten abzuleiten.

Dabei besteht zwischen Empirismus und Realismus eine ›Seelenverwandtschaft‹. So nimmt der Empirismus an, dass durch Beobachtung die in der Wirklichkeit vorhandenen Tatsachen auch zugänglich sind. Diese Annahme, dass der Mensch die objektive Wirklichkeit erkennen kann, findet sich so auch im Realismus.

John Locke (1632–1704) war ein Vertreter des Empirismus. Er ging davon aus, dass der Geist des Menschen ursprünglich wie ein weißes Blatt sei. Der Mensch könne nur einfache Vorstellungen direkt durch seine Sinne erfassen. Der Geist verknüpfe dann einfache Vorstellungen zu komplexen Ideen. Nur diesen auf Tatsachen beruhenden Vorstellungen sei zu trauen. »Unsere Beobachtung [...] liefert unserm Verstand das gesamte Material des Denkens«, so Locke (1690/1981, Bd. II, 108).

2.1.4 Rationalismus

Der Rationalismus sieht im Gegensatz zum Empirismus den Verstand des Subjekts als primäre Quelle der Erkenntnis an: Mithilfe der Vernunft sind wir in der Lage, die Wirklichkeit zu erkennen. Dazu verknüpfen wir Elemente zu Zusammenhängen und finden so Erklärungen. Die sinnliche Welt liefert dabei lediglich Denkanstöße.

2 Erkenntnistheoretische Grundlagen der Wissenschaftstheorie

Die Fähigkeit, logische Zusammenhänge zu erkennen, ist uns gegeben, weil wir als Menschen auch ein »Wissen a priori« besitzen (»prior« lat. für »früher«): Wissen, das wir in unserem Geist bereits vor der empirischen Erfahrung der externen Welt auffinden können. Hierzu zählen neben logischem auch mathematisches und semantisches Wissen.

Für diesen Erkenntnisprozess gab der französische Rationalist René Descartes folgendes Beispiel: Jeder habe eine Vorstellung von Wachs. Aber Wachs sei verformbar, mal flüssig, dann fest. Es gebe also kein eindeutiges Bild von Wachs. Dennoch hätten wir in unserem Kopf eine Vorstellung von Wachs, die aber so nie in der Realität gewesen sei. Die einzige Instanz, die fähig sei, Wachs zu erkennen, seien somit nicht die Sinne, sondern der Verstand (Descartes 1637/1996, 34). Für den Vorrang des Verstandes über die Beobachtung spricht die Erkenntnis, dass Beobachtungen allein trügen können. So glaubten die Menschen bis zum 15. Jahrhundert, dass sich die Erde nicht bewegt, und dies stimmte ja auch mit ihren Beobachtungen überein: Eine Bewegung der Erde konnten sie nicht spüren oder sehen.

In dem am Anfang des Kapitels zur Erkenntnistheorie geschilderten Fallbeispiel kann sich Mika nur deswegen eine Erklärung für Talats Gewichtsabnahme überlegen, weil sie vernunftbegabt ist: Vielleicht, so überlegt sie, hat er Angst, die körperliche Leistungsprüfung, die ablegt werden muss, um Polizist zu werden, nicht zu bestehen. Talat könnte denken, er würde nur für die Ausbildung zugelassen, wenn er schlank und durchtrainiert sei. Möglicherweise, so befürchtet Mika, findet Talat jetzt sozusagen den Ausweg nicht mehr und macht einfach immer weiter mit seiner Diät. Genau wie die empirischen Daten sind diese theoretischen Überlegungen ebenfalls wichtige Bestandteile von Mikas Erkenntnisprozess.

Hieraus wird auch schon ersichtlich, dass Rationalismus und Empirismus einander in der Praxis nicht ausschließen: Mika denkt nicht nur über Zusammenhänge nach, sie wird ihre Annahmen vermutlich in weiteren Gesprächen mit Talat überprüfen. Umgekehrt hat Mika auch ihre anfänglichen Beobachtungen nicht vollkommen theoriefrei gemacht, sondern die Idee, Talat könnte eine Magersucht entwickeln, hat den Anlass gegeben, auf Essverhalten und sportliche Tätigkeiten besonders zu achten. Insofern ist die Dimension Empirismus versus Rationalismus (▶ Abb. 1) tatsächlich ein Kontinuum, bei dem eine Priorität auf einen der Pole ge-

2.1 Basispositionen der Erkenntnistheorie

setzt wird, quasi als Ausgangspunkt für die Erkenntnisgewinnung, sich dann aber sozusagen auf die andere Seite zubewegt wird.

In der Praxis trägt die Kenntnis der vier vorgestellten Erkenntnistheorien zu einem reflektierten, sorgfältigen und abgewogenen Vorgehen bei.

Fallbeispiel – Fortsetzung

So hat Mika darüber nachgedacht, inwieweit ihre Wahrnehmung, dass Talat stark an Gewicht verloren hat, real ist oder vielleicht auch subjektiv gefärbt sein könnte. Sie hat außerdem empirische Daten gesammelt und rationalistische Überlegungen angestellt. Beide Erkenntnisquellen sprachen dafür, dass Talat vielleicht tatsächlich eine Essstörung haben könnte. Erst auf dieser Grundlage bespricht sich Mika nun mit ihrem Praxisanleiter. Dieser schickt Talat zur Schulpsychologin zur weiteren Abklärung, so dass er ggf. professionelle Hilfe erhalten kann.

Auf den Punkt gebracht

Erkenntnistheorie beschäftigt sich damit, was der Mensch überhaupt wissen kann. Die beiden grundlegenden Fragen dabei sind, ob Wissen objektiv, d. h. wirklichkeitsgetreu sein kann und welcher Weg der entscheidende ist, um Wissen zu gewinnen. Dies ist auch für die Praxis der Sozialen Arbeit von Bedeutung.

Der Realismus vertritt die objektive Perspektive, dass es eine von uns unabhängige Realität gibt, die wir auch erkennen können. Der Idealismus nimmt dagegen eine subjektive Perspektive ein: Was unabhängig von uns existiert, können wir nicht feststellen, sondern unsere kognitiven Strukturen bestimmen unsere Wirklichkeitswahrnehmung. Ob eine Person also in der Wissenschaft eine realistische oder eine idealistische Position vertritt, bestimmt, für wie verlässlich und allgemeingültig sie ihre Erkenntnisse hält.

Der entscheidende Weg des Empirismus, Wissen zu gewinnen, liegt im Erfahren und Ausprobieren. Der Rationalismus misst dagegen dem Nachdenken und Erkennen von Zusammenhängen größere Bedeutung zu. Dies spielt eine Rolle für die wissenschaftliche Vorgehensweise:

Werden eher aus Beobachtungen Schlussfolgerungen abgeleitet oder werden umgekehrt eher Hypothesen aufgestellt, die dann anhand von Beobachtungen überprüft werden.

Reflexionsfragen

- Zwei Sozialarbeiter*innen diskutieren: Person 1 sagt: »Ein soziales Problem wird erst dann zum Problem, wenn der Klient es subjektiv auch als Problem empfindet.« Person 2 entgegnet: »Das sehe ich anders, soziale Probleme sind doch nicht Deutungssache, es gibt sie ganz konkret und dagegen müssen wir etwas tun.« Welche erkenntnistheoretischen Perspektiven nehmen die beiden Personen ein? Begründen Sie Ihre Antwort.
- Teilen Sie eher die Position von Person 1 oder die von Person 2 und warum?
- Ist ein Empirist immer auch ein Realist? Diskutieren Sie!
- An einer Bushaltestelle in einem Wohnviertel trifft sich regelmäßig eine Gruppe von Jugendlichen, es wird getrunken und Musik gehört. Am nächsten Morgen finden sich häufig leere Bier- und Wodkaflaschen in und um den Mülleimer. Es kommt zu Konflikten mit den Anwohner*innen, die es ruhig haben wollen und eine saubere Umgebung wünschen. Nehmen Sie an, dass Sie als Sozialarbeiter*in von der Gemeinde eingestellt wurden. Wie würden Sie vorgehen, wenn Sie empirisch arbeiten? Wie würden Sie vorgehen, wenn Sie eine rationalistische Position einnehmen?

Weiterführende Literatur

Schlittmaier, Anton (2018): Philosophie in der Sozialen Arbeit. Ein Lehrbuch. Stuttgart: Kohlhammer.
Schurz, Gerhard (2021): Erkenntnistheorie. Eine Einführung. Berlin: J. B. Metzler.

2.2 Konstruktivismus

> ☞ **Überblick**
>
> Im Folgenden soll mit dem (Radikalen) Konstruktivismus eine weitere, dem Idealismus verwandte Erkenntnistheorie aufgezeigt werden. Zunächst erfolgt eine Darstellung der Hauptmerkmale: Selbstbezüglichkeit, Viabilität und Kontingenz. Anschließend wird die Relevanz des Konstruktivismus für die Soziale Arbeit aufgezeigt. Schließlich werden mögliche Kritikpunkte genannt.

2.2.1 Konstruierte Wirklichkeit

Der Konstruktivismus ist ab den 1960er Jahren in den Sozialwissenschaften entstanden und sieht sich als eine Weiterentwicklung des Idealismus (vgl. Glasersfeld 2000, 20). Gemeinsam ist beiden anti-realistischen Strömungen, dass die Existenz einer von uns unabhängigen Realität zwar angenommen wird, aber mit der Einschränkung, dass unsere Sinne unserem Bewusstsein nur Anstöße liefern, aber nicht unmittelbar etwas über die Eigenschaften eines Gegenstands aussagen können. Diese Eigenschaften sind vielmehr ein Produkt unserer Art wahrzunehmen. Der Konstruktivismus spricht davon, dass wir uns unsere Wirklichkeit *konstruieren*. Wird in diesem Kapitel also von »Wirklichkeit« gesprochen, ist die von uns *erlebte* Welt gemeint, mit »Realität« soll dagegen die von uns unabhängige Außenwelt bezeichnet werden.

Eigentlich ist »Konstruktivismus« ein Sammelbegriff für unterschiedliche erkenntnistheoretische Konzepte, weswegen die Begründer Ernst von Glasersfeld (1917–2020) und Heinz von Förster (1911–2002) vom »Radikalen Konstruktivismus« sprechen, um sich von anderen Strömungen abzugrenzen. Auf diese Reinform des Konstruktivismus wird sich im Folgenden konzentriert.

Zur Veranschaulichung wird wieder auf einen Fall zurückgegriffen, den unsere Protagonistin Mika in ihrem Praktikum in der Schulsozialarbeit erlebt. Hieran sollen einzelne Merkmale des Konstruktivismus und ihre Rolle in der Praxis verdeutlich werden.

Fallbeispiel

Die Klassenlehrerin der 7a schickt Dominik und Georgi zu Mika, damit sie einen Streit zwischen den beiden schlichtet. Auf Nachfrage stellt sich heraus, dass Georgi Dominik gefragt hat, wann er mit seinem Teil ihres Gruppenreferats fertig sein wird. Daraufhin hat ihn Dominik angeschrien, er sei ein »mieser Streber« und solle ihn »gefälligst in Ruhe lassen«. Es kam zu einem Handgemenge, bei dem Dominiks Jacke zerrissen wurde, woraufhin sich Dominiks Eltern bei der Lehrerin beschwert haben. Im Gespräch behauptet jeder der beiden, der andere habe angefangen. Wer hat Recht und wie soll Mika das entscheiden?

2.2.2 Selbstbezüglichkeit

Wie zuvor geschildert, haben wir keinen unmittelbaren Kontakt zur Realität und damit auch keine Möglichkeit zu überprüfen, ob unsere Vorstellungen der Realität entsprechen. Dieser Gedanke findet sich schon in der Antike bei dem Skeptiker Phyrron von Elis (329–250/270 v. Chr.): Um überhaupt überprüfen zu können, ob das, was wir erkennen, mit der Realität übereinstimmt, müssten wir die von uns erlebte Wirklichkeit mit der Realität vergleichen können, also Erlebtes der noch nicht erlebten Realität gegenüberstellen. Sobald wir uns aber dieser noch nicht erlebten Realität zuwenden, erleben wir sie ja bereits. Wir vergleichen also immer nur Erlebtes mit Erlebtem und können niemals Erlebtes mit unabhängig von unserem Erleben Vorhandenem vergleichen. Da wir also immer nur auf unsere eigenen inneren Zustände zurückgreifen können, wird von »Selbstbezüglichkeit« gesprochen.

Mika könnte diese Erkenntnis in der Praxis folgendermaßen nutzen: Sie könnte sich zunächst bewusstmachen, dass aufgrund der Selbstbezüglichkeit der Wirklichkeitswahrnehmung keiner – weder Dominik noch Georgi und erst recht nicht sie selbst – sagen kann, wie die Situation in der Realität gewesen ist. Dies hält sie davon ab, vorschnell Partei zu ergreifen.

2.2.3 Viabilität

Gemäß des Konstruktivismus ist für die erlebte Wirklichkeit nicht entscheidend, dass sie objektiv richtig ist, sondern dass sie uns zu erfolgreichem Handeln befähigt. Die Beziehung zwischen konstruierter Wirklichkeit und Realität ist also eine Beziehung des Funktionierens, es wird von »Viabilität« gesprochen, abgeleitet von dem Adjektiv »viabel« (= funktional, passend). Auch wenn die erlebende Person die Realität nicht erkennen kann, so kann sie doch Regelmäßigkeiten und invariante Strukturen aus ihrem Erlebnisfluss abstrahieren. Sie kann außerdem eine Auswahl aus den erlebten Signalen treffen und sie entsprechend des Bedarfs ergänzen, der sich aus der jeweiligen Handlungssituation ergibt. Auf diese Weise erschafft sie sich ein Modell ihrer Umwelt.

Ernst von Glasersfeld illustrierte diesen Konstruktionsprozess der Wirklichkeit mit folgender Metapher: Der Mensch gleicht einem blinden Wanderer, der durch einen Wald zu einem Fluss gelangen will. Er kann Baumstämme und Felsen ertasten und so seinen Weg finden. Geht er öfter durch denselben Wald, wird er eine Art innerer Landkarte entwickeln, die zu dem realen Wald passt. Dennoch wird der blinde Wanderer den Wald nie so erkennen, wie er in der Realität ist, z. B. keine Vorstellung davon haben, dass es auch noch Baumkronen gibt und von welcher Farbe diese sind. Das ist jedoch auch nicht notwendig, solange er problemlos zum Fluss gelangt (vgl. Glasersfeld 2000, 19).

Da es nur erforderlich ist, dass das, was wir wahrnehmen, uns zu erfolgreichem Handeln befähigt, wird die Position des Konstruktivismus auch als »instrumentell« bezeichnet. Eine instrumentelle Anschauung verlangt von Wahrnehmungen, Begriffen und Theorie Brauchbarkeit, so dass zielstrebiges Handeln möglich wird.

Fallbeispiel – Fortsetzung

Im Fallbeispiel spricht Mika zunächst mit beiden Schülern einzeln. Dominik erzählt ihr, dass er extra die Schule gewechselt habe, weil in der alten Schule »immer alle so gemein« zu ihm gewesen seien. Er habe sich vorgenommen, sich von nun an nichts mehr gefallen zu lassen. Mika vermutet, dass Dominik in seiner alten Schule gemobbt wurde und erkennt, dass Dominiks Version von dem Streit eine Wirklichkeitskonstruktion ist, die ihm erfolgreiches Handeln ermöglicht: Er kann sich so gegen wahrgenommene Angriffe behaupten und aus seiner Sicht davor schützen, noch einmal Opfer zu werden.

Die instrumentelle Position des Konstruktivismus besagt also, dass Wirklichkeitskonstruktionen nur brauchbar, nicht aber wahr sein müssen. Dominiks Wirklichkeitskonstruktion, dass andere ihn angreifen wollen, muss nicht stimmen, sie befähigt ihn aber, durchsetzungsstark zu reagieren.

Diese instrumentelle Triebfeder der Wirklichkeitskonstruktion ist auch der Hauptunterschied zum Idealismus: Der Idealismus geht davon aus, dass die Art, wie wir etwas erkennen, durch unsere kognitiven Strukturen bedingt ist: Wir erkennen, was uns unsere Denkstrukturen erlauben zu erkennen. Der Konstruktivismus nimmt hingegen an, dass uns die Wirklichkeit so erscheint, wie sie für uns nützlich ist: Wir erkennen, was wir brauchen, um erfolgreich handeln zu können.

2.2.4 Kontingenz

Da jeder Mensch angesichts der gesellschaftlichen Komplexität nicht umhinkann, diese zu reduzieren und eine überschaubare Weltsicht zu konstruieren, begegnen wir einer Vielheit von Normen, Meinungen und Weltbildern. Wir beobachten bspw. eine Vielzahl kultureller Unterschiede, die alle auf ihre Weise ein passendes Bild der Realität vermitteln. Speziell auf dieses Problem der Pluralität der Sichtweisen reagiert der Konstruktivismus, indem er die Beobachtungen oder Beschreibungen der Welt als kontingent (von lat. »*contingentia*«: »das, was passiert, Zufall«), d. h. als so, aber auch anders möglich, versteht.

Fallbeispiel – Fortsetzung

Mika spricht auch noch einmal mit Georgi. Dabei findet sie heraus, dass er Dominik eigentlich nur helfen wollte, falls er mit dem Referat nicht rechtzeitig fertig würde. Er war dann überrascht und auch enttäuscht über Dominiks Verhalten, weil er ihn eigentlich nett findet und für einen Freund gehalten hat. Georgis Wirklichkeitskonstruktion ist somit eine ganz andere als Dominiks.

2.2.5 Anwendungen in der Sozialen Arbeit

Der Konstruktivismus hat die Theoriebildung verschiedener Bezugswissenschaften der Sozialen Arbeit angeregt, z. B. in der Entwicklungspsychologie die Theorie der kognitiven Entwicklung von Jean Piaget (1937/ 1975), in den Kommunikationswissenschaften die Pragmatische Kommunikationstheorie von Paul Watzlawick (1969) und in der Soziologie die Systemtheorie von Niklas Luhmann (1984). Auch unter den Theorien der Sozialen Arbeit nimmt er in Form des Relationalen Konstruktivismus von Björn Kraus (2019) eine wichtige Position ein.

Darüber hinaus werden konstruktivistische Ideen auch in unterschiedlichen Praxisfeldern angewendet, z. B. in der Systemischen Familientherapie (vgl. Watzlawick 2011) und bei der Glaubwürdigkeitsbegutachtung von Zeugenaussagen (Volbert & Dahle 2010). In der Praxis der Sozialen Arbeit lassen sich die Akzeptanz pluraler Lebenswelten und die Erzeugung alternativer Sichtweisen konstruktivistisch begründen: Weil sich Konstruktivist*innen der Pluralität von Wirklichkeitsauffassungen bewusst sind (Kontingenz), können sie sich gegenüber unterschiedlichen Normen und Werten von Klient*innen tolerant zeigen, sich gedanklich in die Lebenswelt von Klient*innen hineinversetzen und ihre Hilfeplanung darauf abstimmen. Umgekehrt ist es auch möglich, Klient*innen alternative viablere Wirklichkeitskonstruktionen vorzuschlagen, um ihren Handlungsspielraum zu erweitern.

Fallbeispiel – Fortsetzung

In der Fallgeschichte bringt Mika Dominik und Georgi im Gespräch zusammen. Georgi schildert noch mal, dass es sich seinerseits lediglich um ein Hilfsangebot und keinen Angriff gehandelt hat. Dominik kann diese andere Wirklichkeitskonstruktion akzeptieren, so dass es zu einer Aussöhnung kommt.

Auch in der Supervision und Intervision geht es oft darum, andere Sichtweisen auf Problemlagen und Fallkonstellationen zu entwickeln, so dass sich neue berufliche Handlungsmöglichkeiten für die teilnehmenden sozialpädagogischen Fachkräfte auftun. In gesellschaftlicher Hinsicht befähigt das Wissen um die Selbstbezüglichkeit und Kontingenz aller Wirklichkeitswahrnehmung Sozialpädagog*innen dazu, gesellschaftliche Kategorisierungen, die Grundlage für die Stereotypisierung und Hierarchisierung von Unterschieden sein können, zu hinterfragen und zu reflektieren.

2.2.6 Konstruktivismus in der Kritik

Unterschiede in der zwischenmenschlichen Wahrnehmung kann der Konstruktivismus überzeugend erklären. Erkenntnistheorien haben jedoch einen allgemein gültigen Anspruch. Konsequenterweise würde die Position des Konstruktivismus deswegen auch bedeuten, dass das, was z. B. die Naturwissenschaft über die Grundbausteine des Universums und die Entwicklung des Kosmos dokumentiert hat, nichts mit der Realität zu tun zu haben braucht. Es kann auch lediglich eine brillante Story sein, die für uns bislang gut funktioniert hat. Das erscheint jedoch schon weniger einleuchtend. Der Wissenschaftsphilosoph Paul Hoyningen-Huene hat dazu einmal folgendes Beispiel gebracht: Fotografiere ich einen Kreis direkt von vorne, erscheint dieser auch auf der Fotografie als Kreis. Nehme ich ihn hingegen von der Seite auf, zeigt das Foto eine Ellipse. Die Realität wird also einmal ohne und einmal mit einer Verzerrung wiedergegeben. Insofern müsse, so Hoyningen-Huene, stärker darüber nachgedacht werden, unter welchen Bedingungen die Realität verzerrt wahrgenommen werde bzw. ob es nicht auch Bedingungen gebe, unter denen die Wirklichkeitswahrnehmung einigermaßen zutreffend sei (Hoyningen-Huene 2013).

Insbesondere erscheint es plausibel, dass einfache Sinneswahrnehmungen einen hohen Realitätsgehalt haben, so dass zwei Personen denselben Gegenstand auf nahezu gleiche Weise wahrnehmen und sich darüber verständigen können. Anders ist es mit gesellschaftlichen Zuschreibungen. Wenn es um Noten für Schulleistungen geht, ist es eindeutig, dass diese nicht in der Natur vorzufinden, sondern gesellschaftliche Konstruktion sind. Bei anderen Begrifflichkeiten, z. B. Geschlecht, wird eine intensive gesellschaftliche Debatte darüber geführt, was real gegeben und was gesellschaftlich zugeschrieben sein könnte. Dabei ist auch zu überlegen, ob solche Debatten letztlich den Boden der konstruktivistischen Erkenntnistheorie verlassen. Zum Beispiel könnte die Aussage »Frauen sind fürsorglicher als Männer« eine soziale Konstruktion sein. Diese Konstruktion kann ich infrage stellen und die Auffassung vertreten, in der Realität gebe es keinen Unterschied in der Fürsorglichkeit zwischen den Geschlechtern. In diesem Moment gehe ich dann aber davon aus, selbst die Realität, dass es eben keinen Unterschied gibt, zu kennen. Dass eine Person jedoch die objektive Realität erkennt, ist laut Konstruktivismus gar nicht möglich.

Auf den Punkt gebracht

Wirklichkeit ist eine Konstruktion des Subjekts, die auf seinen systeminternen Zuständen basiert und ihm erfolgreiches Handeln ermöglicht. Andere Wirklichkeitskonstruktionen sind zwar denkbar, es ist jedoch keine objektive Erkenntnis der Realität möglich. Diese Grundideen des Konstruktivismus wurden in den Bezugswissenschaften der Sozialen Arbeit vielfach aufgegriffen. Für die Soziale Arbeit ist der Konstruktivismus vor allem deswegen praktisch relevant, weil er für verschiedene Wirklichkeitswahrnehmungen sensibilisiert. Er regt zum Hinterfragen gesellschaftlicher Zuschreibungen an. Außerdem kann er durch Umdeutungsprozesse sowohl in der Supervision als auch in der Intervention neue Handlungsspielräume für Fachkräfte und Klient*innen eröffnen. In der kritischen Auseinandersetzung mit dem Konstruktivismus wird zu Recht darauf hingewiesen, dass Fachkräfte es sich nicht zu einfach machen dürfen, indem sie Problemlagen als rein konstruiert auffasst, sondern immer wieder auch versuchen sollten, darüber nachzudenken, was reale Gegebenheiten sind, was individuelle subjektive Wahrnehmungen und was gesellschaftliche Zuschreibungen.

Reflexionsfragen

- Erläutern Sie, inwieweit sich die drei Merkmale des Konstruktivismus – Selbstbezüglichkeit, Viabilität und Kontingenz – gegenseitig bedingen.
- Der Konstruktivismus nimmt an, dass der Mensch keinen unmittelbaren Zugang zu seiner objektiven Außenwelt hat. Andererseits nimmt er auch an, dass Menschen ihre eigenen Bewusstseinsinhalte unmittelbar wahrnehmen können. Widersprechen sich diese Aussagen nicht? Diskutieren Sie!
- Diskutieren Sie, inwieweit Körperbehinderung ein gesellschaftliches Konstrukt ist und inwieweit reale Unterschiede zwischen Menschen mit und ohne Körperbehinderung vorhanden sind.
- Bei einem sozialpädagogischen Familienhelfer stellt sich ein Gefühl der Überforderung ein, weil eine Klientenfamilie nach mehrmonatiger Hilfe nicht selbstständiger erscheint, sondern immer zeitaufwendigere Ansprüche an ihn richtet, denen er meint, entsprechen zu müssen. Er macht sich Vorwürfe, durch eine falsche Intervention einen schlimmeren Zustand als vor Beginn der Hilfe verursacht zu haben. Welche alternative, viablere Wirklichkeitskonstruktion könnten Sie diesem Kollegen eventuell vorschlagen?

Weiterführende Literatur

Gumin, Heinz & Meier, Heinrich (2000): Einführung in den Konstruktivismus. Berlin: Springer.

Kleve, Heiko (2010): Konstruktivismus und Soziale Arbeit: Einführung in Grundlagen der systemisch-konstruktivistischen Theorie und Praxis (4., durchges. Aufl.). Aachen: Kersting.

3 Wissenschaftsleitende Ansätze

3.1 Phänomenologie

> **Überblick**
>
> In diesem Kapitel wird die wissenschaftstheoretische Position der Phänomenologie dargestellt. Zunächst wird geschildert, welche Vorgehensweise die Phänomenologie einsetzt, um Wissen zu erlangen. Außerdem wird reflektiert, wie die Phänomenologie erkenntnistheoretisch einzuordnen ist. Im weiteren Verlauf werden ihre Implikationen für Forschung und Praxis der Sozialen Arbeit beschrieben. Abschließend wird ein Blick auf weitere Vertreter der Phänomenologie geworfen, und es werden einige Kritikpunkte aus der beruflichen Praxis an einem rein phänomenologischen Vorgehen zur Diskussion gestellt.

3.1.1 Erkenntnis des Wesens der Dinge

Die Phänomenologie ist eine von Edmund Husserl (1859–1938) um 1900 begründete Schule der Philosophie, bei der der Ursprung der Erkenntnisgewinnung in den unmittelbar gegebenen Erscheinungen gesehen wird (»phainómenon«, griechisch für »das Erscheinende«). Wie uns die Dinge erscheinen, wie wir sie erleben und erfahren, steht im Fokus der Phänomenologie.

Husserl bezeichnete die Phänomenologie als »deskriptive Wesenslehre der reinen Erlebnisse« (Husserl 1928, § 75). Anhand dieses Zitats lassen sich die Grundzüge gut beschreiben: Zunächst einmal geht es um »Erlebnisse«,

d. h. nicht um einen realistischen objektiven Zugang zur Welt, sondern um Vorgänge im Bewusstsein des Menschen. Der Zugang zur Welt soll außerdem »deskriptiv«, also beschreibend sein. Und er soll »rein« sein, d. h. unverfälscht und frei von Vorannahmen. Schließlich ist mit »Wesen« der Kern der Dinge gemeint, ihr Invariantes und Unveränderliches. Diese innewohnende abstrakte Form gilt es zu bestimmen. Husserl ging in seiner Philosophie noch über den Schritt der Wesenserkennung hinaus: Wenn ein Mensch seine ganze Gedankenwelt auf diese Weise durchdringen würde, dann käme er zur sog. »transzendentalen Subjektivität«, d. h. einem reinen, absoluten Bewusstsein als einem anzustrebenden idealen Zustand. Dieser Teil der Phänomenologie wurde jedoch von den Sozialwissenschaften nicht übernommen und wird daher in diesem Kapitel ausgespart.

Hilfreich für das Verständnis der phänomenologischen Zugangsweise in den Sozialwissenschaften ist die Reflexion ihrer erkenntnistheoretischen Grundlagen (▶ Kap. 2.1). Die Phänomenologie ist hinsichtlich der Frage der Objektivität von Erkenntnis dem Idealismus zuzuordnen:

- Erstens schöpft sie ihre Erkenntnisse aus den eigenen Bewusstseinsinhalten, Materielles ist nie direkt präsent.
- Zweites wird die Existenz einer Außenwelt zwar nicht angezweifelt, aber zwischen der Welt und der erlebten Wahrnehmung besteht ein subjektiver Filter.
- Drittens bilden in der Phänomenologie wie auch im Idealismus die Strukturen unseres Bewusstseins die Voraussetzungen der Erkenntnis.

Abzugrenzen ist die Phänomenologie vom Konstruktivismus (▶ Kap. 2.2): Der Konstruktivismus nimmt an, dass jeder seine eigene Wirklichkeit erschafft und dass diese Wirklichkeiten untereinander nicht übereinstimmen. In der Phänomenologie ist es dagegen möglich, zum Wesen einer Sache vorzudringen. Dieses Wesen ist invariant und allgemeingültig. Verschiedene Menschen müssten hier also das gleiche Wesen erkennen können.

Hinsichtlich der Frage nach der Quelle der Erkenntnis wurde im Rationalismus die Vernunft als Ausgangsposition gesetzt (▶ Kap. 2.1.4). Im Empirismus wurde hingegen von der Beobachtung der realen Welt ausgegangen (▶ Kap. 2.1.3). Dagegen erfährt in der Phänomenologie das

Subjekt die Welt in sich als Erlebnis. Es liegt also eine Gleichzeitigkeit von rationalem und empirischem Zugang vor. Die Phänomenologie überwindet damit die Dichotomie zwischen Rationalismus und Empirismus. Die nachfolgenden Passagen fokussieren die Phänomenologie als wissenschaftstheoretischen Ansatz. Somit stehen die phänomenologischen Methoden der Erkenntnisgewinnung im Vordergrund.

3.1.2 Phänomenologische und eidetische Reduktion

Generell wird in der Wissenschaft unter einer phänomenologischen Vorgehensweise verstanden, Sachlagen anhand ihrer sichtbaren Eigenschaften zu beschreiben, möglichst ohne dabei Theorien heranzuziehen. Zum Beispiel wird das Verhalten von Tieren nur beschrieben und nicht mit (menschlichen) Motiven erklärt. Es wird nur zur Kenntnis genommen, was passiert. Häufig wird der phänomenologische Zugang in der Anfangsphase eines wissenschaftlichen Prozesses verwendet: bei der ersten Stoffsammlung, dem ersten Blick auf das Datenmaterial etc. Es gibt aber auch Wissenschaften, die gänzlich der Beschreibung und Einteilung von Phänomenen gewidmet sind, z. B. die Geografie. Der Schritt der Wesenserkennung entfällt dann.

Wird in der Wissenschaft Soziale Arbeit phänomenologisch gearbeitet, dann ist das primäre Interesse auf die Erlebniswelt eines anderen Menschen gerichtet. Seine soziale Wirklichkeit soll möglichst vorurteilsfrei erfasst werden. Das Wesen dieser sozialen Wirklichkeit können dann in Rahmen einer Einzelfallstudie wiederkehrende Motive im Leben eines Menschen sein. Im Falle mehrerer Personen interessieren z. B. die Gemeinsamkeiten von Angehörigen einer bestimmten Zielgruppe der Sozialen Arbeit. Möglich ist auch, dass hier Untergruppen im Sinne einer Typologie gefunden werden. Anhand eines Fallbeispiels soll nun zunächst die grundlegende Vorgehensweise der Phänomenologie, um Wissen zu erlangen, verdeutlicht werden.

Fallbeispiel

Mika befindet sich mittlerweile im letzten Semester. Neulich in der Stadt sind ihr wieder die vielen obdachlosen Menschen aufgefallen. Ihre Mutter hat dann immer gesagt: »In Deutschland braucht niemand auf der Straße zu leben.« Aber wie sieht das eigentlich aus der Sicht der obdachlosen Menschen selbst aus? Das Thema beschäftigt Mika. Sie entscheidet sich, ihre Bachelorarbeit über die Lebenssituation obdachloser Menschen zu schreiben. Über eine offene Anlaufstelle für wohnungslose Menschen findet sie mehrere Personen, die sich zu einem Interview bereiterklären. Um sich möglichst wenig von ihren Vorannahmen beeinflussen zu lassen, formuliert Mika keinen Interviewleitfaden, sondern bittet ihre Interviewpartner*innen, einfach ihren Alltag zu schildern. Die Befragten können also frei erzählen. Während der Durchführung achtet Mika auf einen respektvollen Umgang und interessiert sich für alles Erlebte gleichermaßen. Anschließend verschriftlicht sie die Interviews so genau wie möglich. Einige Aussagen in den Interviews sind:

- »Ich schlafe auf einer Bank am Bahnhof. Da ist auch die Bahnhofsmission nebendran, wo ich mir was zu essen holen kann.«
- »Die Kurzzeitübernachtung ist ganz gut. Das mache ich öfter mal.«
- »Dann hol' ich mir immer meinen Tagessatz in der Beratungsstelle.«
- »Ich gehe Flaschen sammeln, aber das ist auch nicht mehr so einfach. Da gibt es zu viele Leute, die das machen.«
- »In ein Wohnheim möchte ich nicht. Hier habe ich zwar sonst nichts, aber wenigstens noch meine Freiheit, und muss mich nicht an irgendwelche Regeln halten. Eine eigene Wohnung wäre schön.«
- »Ich würde gerne wieder mit einem Dach über dem Kopf schlafen, aber wer will schon jemanden einstellen, der auf der Straße lebt, und ohne Arbeit kann ich keine Miete bezahlen.«

Für die Auswertung sucht Mika nach Gemeinsamkeiten und Unterschieden in den Erzählungen: Unterschiede liegen u. a. in der Nutzung verschiedener Übernachtungsmöglichkeiten und in der Finanzierung des Lebensunterhalts. Der gemeinsame Kern könnte in der Sehnsucht nach einer eigenen Wohnung und nach Selbstbestimmtheit liegen. Mika stellt ihre Ergebnisse im Rahmen einer Vortragsreihe an ihrer Hochschule vor, damit möglichst viele Studierende etwas über die Lebenswelt obdachloser Menschen erfahren und Stigmatisierungsprozessen vorgebeugt wird.

In Abbildung 3 ist der Weg von der »Natürlichen Einstellung« zur »Phänomenologischen Einstellung« und daran anschließend zum »Wesen« der Dinge dargestellt (▶ Abb. 3). Im Zustand der »Natürlichen Einstellung« erfährt der Mensch seine Alltagswelt. Zum Beispiel erinnert sich Mika, wenn sie einen obdachlosen Menschen sieht, an den Ausspruch ihrer Mutter, dass niemand in Deutschland auf der Straße leben müsse. Es folgt der Prozess der »Phänomenologischen Reduktion« (auch »Epoché« = Enthaltung), der jegliches bekanntes Wissen ausblendet: subjektive Einstellungen, theoretische Vorannahmen und Konventionen. Es wird die »Phänomenologische Einstellung« erreicht, d.h. eine unbeteiligte, rein wahrnehmende Haltung. Mika kennt durch ihre Mutter die Ansicht, obdachlose Menschen trügen quasi eine Mitschuld an ihrer Situation. Von dieser Ansicht versucht sie sich freizumachen und sich unvoreingenommen mit der Lebenswelt dieser Menschen auseinanderzusetzen. Von der »Phänomenologischen Einstellung« aus erfolgt die »Eidetische Reduktion« (von griech. »eidos«: Gestalt, Urbild, Idee): In freier Variation werden verschiedene Erscheinungsformen der Phänomene betrachtet. Mika erfasst nicht nur die Lebenswelt eines obdachlosen Menschen, sondern spricht mit mehreren Personen. Auf diese Weise kristallisiert sich das Wesen des Gegenstands als das Invariante heraus. Das »Wesen« der Lebenswelt obdachloser Menschen ist ihren Auswertungen zufolge das Bedürfnis nach einem selbstbestimmten Leben in einer eigenen Wohnung.

3 Wissenschaftsleitende Ansätze

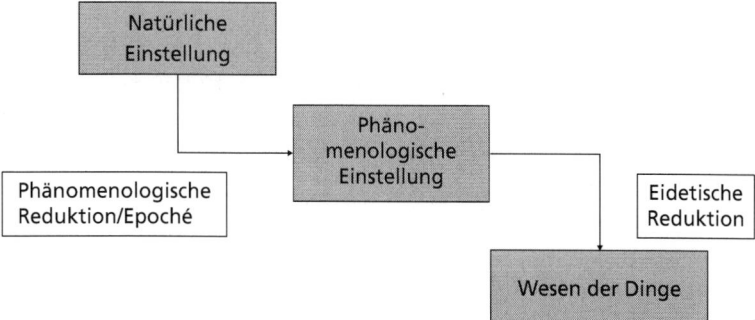

Abb. 3: Methoden der Phänomenologie (verändert nach: Danner, Helmut (1979/ 2006): Methoden geisteswissenschaftlicher Pädagogik: Einführung in Hermeneutik, Phänomenologie und Dialektik (5., überarb. u. erw. Aufl.). München: Reinhardt, 162)

3.1.3 Theoriefreie Forschung

Phänomenologische und eidetische Reduktion spiegeln sich nun auch in den verwendeten Forschungsmethoden wider. Um etwas über die Erlebniswelt anderer Menschen herauszufinden, werden vorwiegend Interviews und Gruppengespräche im Rahmen qualitativer Forschung eingesetzt (▶ Kap. 1.2). Solche Gesprächsformate bieten den Teilnehmenden die Gelegenheit, ihre Erfahrungen zu kommunizieren. Außerdem wird die Bedeutung, die sie bestimmten Inhalten beilegen, offenbar. Auch Mika hat deswegen auf die Form des Interviews für ihre Datenerhebung zurückgegriffen.

Bei der Datenerhebung ist es wichtig, eigene Vorannahmen möglichst auszublenden. Es sollten daher den Teilnehmenden keine Fragen vorgegeben werden. Denn Fragebögen oder Interviewleitfäden beinhalten immer schon eine eigene Vorauswahl dessen, was die Forschenden selbst für wichtig halten. Ebenso wie in einigen anderen wissenschaftstheoretischen Ansätzen (z.B. der Kritischen Theorie, ▶ Kap. 3.3) ist auch in der Phänomenologie besondere Sensibilität gegenüber sprachlichen Begriffen geboten. Denn Begriffe enthalten oft bereits Vorannahmen, die es aber auszublenden gilt: Würde Mika bspw. von »Obdachlosen« statt von »obdachlosen Menschen« sprechen, dann würde sie mit der ersten Formulierung die betroffenen Menschen auf die Eigenschaft der Obdachlosigkeit reduzieren.

Als theoriefreie Interviewmethode bietet sich insbesondere das narrative Interview an. Eine zweite Interviewform, die ebenfalls theoriefrei vorgeht, ist das sog. rezeptive Interview (vgl. Lamnek & Krell 2016, 362). Hier sei exemplarisch das narrative Interview beschrieben: Im narrativen Interview wird zunächst eine Vertrauensatmosphäre geschaffen. Anschließend werden die Befragten durch einen Erzählimpuls aufgefordert, sich mitzuteilen. Im Fallbeispiel ist der Erzählimpuls, dass Mika ihre Interviewpartner*innen bittet, ihren Alltag zu schildern. Der Detaillierungsgrad wird den Erzählenden überlassen. Indem das narrative Interview als Erzählung aufgebaut ist, regt es die Gesprächspartner*innen dazu an, Einzelheiten eingehender zu erklären, um gedankliche Sprünge zu vermeiden und auch unangenehme Ereignisse zu berichten. Die interviewende Person ist an allen Teilen der Erzählung gleichermaßen interessiert, vermeidet aber Nachfragen und Kommentare. Auch Mika stellt keine weiteren vorher entwickelten Fragen. Erst am Ende des Gesprächs können Unklarheiten nachgefragt werden. In einer abschließenden Bilanzierungsphase tauschen sich Interviewende und Befragte noch einmal über das Gespräch aus.

Das phänomenologische Vorgehen erfordert anschließend ein genaues Beschreiben der Erlebnisse und Gedanken der Interviewten. Daher werden die Gespräche aufgezeichnet und sorgfältig nach einem festgelegten Regelsystem verschriftlicht (sog. »Transkription«). Auch bei der nachfolgenden Auswertung sollen eigene Vorannahmen möglichst ausgeblendet werden: Dazu werden aus dem Gesprächsmaterial heraus Kategorien gebildet und nicht vorab durch die Forschenden aufgestellt.

Im letzten Schritt geht es um das Auffinden von Gemeinsamkeiten und Mustern in den Schilderungen der Befragten. Auch Mika hatte Gemeinsamkeiten (Wunsch nach einer eigenen Wohnung, Selbstbestimmtheit) und Unterschiede (Schlafstellen, Lebensunterhalt …) in den Schilderungen der obdachlosen Menschen festgestellt. Bei dem Auffinden von Mustern und Motiven wird auch die Wortwahl der Befragten berücksichtigt. Zudem kann der Austausch mit Fachkolleg*innen nützlich sein, um durch den Vergleich mehrerer Perspektiven das Invariante, Typische der Schilderungen zu ermitteln. Im Ergebnis wird eine tiefergehende Beschreibung der Lebenswelt der obdachlosen Menschen erreicht.

3.1.4 Vorurteilsfreie Praxis

Die Phänomenologie ist besonders in der Einzelfallarbeit mit Klient*innen im Beratungssetting anwendbar. Eine phänomenologische Haltung der sozialpädagogischen Fachkraft äußert sich durch ein besonderes Interesse an den Erfahrungen der Klient*innen, ihrer Lebenswelt und ihren Alltagsproblemen. In Anlehnung an Schütz (Schütz & Luckmann 2017, ▶ Kap. 3.1.5) wird hier auch der Kontext einbezogen, nämlich unter welchen gesellschaftlichen, sozialen und kulturellen Bedingungen die Klient*innen ihre Erfahrungen gemacht haben. Phänomenologisch orientierte Praktiker*innen hüten sich auch vor vorschnellen Interpretationen und bringen eine große Bereitschaft mit, erst einmal etwas von ihrem Gegenüber zu erfahren. Es geht darum, die soziale Wirklichkeit der Klient*innen unvoreingenommen zu erfassen.

In weiteren Schritten könnte dann – ähnlich wie in der phänomenologischen Forschung – auf Gemeinsamkeiten, Strukturen und Muster in dem Erlebten der Klient*innen geachtet werden und auch nach der Funktion z. B. bestimmter wiederkehrender Gedanken oder Verhaltensweisen, gefragt werden. Auf diese Weise könnten u. U. wichtige Lebensmotive und -problematiken erkannt und Interventionen darauf abgestimmt werden. Würde Mika nach ihrem Studienabschluss in der Wohnungslosenhilfe arbeiten, könnte sie z. B. den starken Wunsch obdachloser Menschen nach Autonomie berücksichtigen. Sie würde Angebote vielleicht so konzipieren, dass sie möglichst niedrigschwellig sind und wenig verpflichtend.

3.1.5 Nachfolger Husserls

Die Phänomenologie Husserls hatte große Auswirkungen auf die Philosophie. Dabei sind die Aspekte der Deskription als Methode und das Arbeiten mit Bewusstseinsinhalten allen Nachfolgern Husserls gemeinsam. Sie unterscheiden sich jedoch hinsichtlich ihrer Methoden und Konzepte und auch hinsichtlich derjenigen Phänomene, mit denen sie sich am meisten beschäftigt haben. Martin Heidegger (1889–1976) war ein Schüler Husserl. Er untersuchte das Sein selbst als Phänomen, das in der westlichen

Philosophie vor ihm als selbstverständlich behandelt worden war. Der französische Philosoph Jean-Paul Sartre (1905–1980) beschrieb existentielle Phänomene wie Angst und Freiheit unter der Frage, was wir für Wesen seinen müssen, um diese Phänomene erleben zu können. Sein Weggefährte Maurice Merleau-Ponty (1908–1961) befasste sich mit dem Erleben unseres eigenen lebendigen Körpers. Der deutsche Philosoph Bernd Waldenfels (*1934) war ein Schüler von Merleau-Ponty. Er beschäftigt sich insbesondere mit dem Phänomen der Fremdheit. Zeitgenössische Theorien der Erziehungswissenschaft nehmen vor allem auf Merleau-Ponty und Waldenfels Bezug.

Für die Soziale Arbeit wurde auch Alfred Schütz (1899–1959) relevant, weil er sich auf die Lebenswelt des Menschen und die Strukturen von menschlichen Gemeinschaften konzentrierte. Auch Husserl hat sich in seinen späteren Jahren verstärkt mit der Lebenswelt beschäftigt, stärker historische Ereignisse thematisiert und somit vermehrt den Kontext von Erfahrungen einbezogen.

3.1.6 Einwände aus der Praxis

Die folgenden Einwände werden aus Sicht der Praxis vorgebracht, nicht aus Sicht der Philosophie: Zunächst einmal könnte das Zurückstellen von Vorannahmen im Sinne der phänomenologischen Reduktion im Berufsalltag nur schwer umzusetzen sein. So könnten Sachzwänge ein theoriefreies Vorgehen verhindern, z.B. dass vor dem Treffen mit dem*der Klient*in eine Akteneinsicht erforderlich ist. Auch könnte die in der Phänomenologie angestrebte Haltung eines*einer neutralen Zuschauer*in dem Aufbau einer empathischen Beziehung möglicherweise entgegenstehen.

Ein weiterer Kritikpunkt bezieht sich darauf, inwieweit es tatsächlich möglich ist, das invariante Wesen von etwas ausschließlich durch eigene Reflexion in einer gültigen Art und Weise festzustellen. In bestimmten Äußerungen von Klient*innen werden vielleicht von der einen Fachkraft andere Motive gesehen als von der anderen Fachkraft. Die beiden Kolleg*innen könnten sich zwar über ihre Interpretationen verständigen, würden dann aber das Invariante nicht mehr zuverlässig unabhängig voneinander erkennen können.

Ein letzter Kritikpunkt aus Sicht der Sozialen Arbeit ist die normative Enthaltsamkeit der Phänomenologie: Die Phänomenologie nimmt den Blickwinkel der Klient*innen ein. Sie trifft keine Aussagen darüber, was angemessen, gut und richtig ist. Damit besteht aber auch die Gefahr, dass sich die Soziale Arbeit in ihren Denk- und Handlungsmöglichkeiten einschränkt.

> **Auf den Punkt gebracht**
>
>
>
> Phänomenologie ist eine philosophische Lehre, bei der – von den Erlebnissen des Menschen ausgehend – zum Kern der Dinge vorgedrungen werden soll. Methodologisch steht die genaue, vorurteilsfreie Beschreibung im Zentrum. Auf dieser aufbauend wird durch Reduktionsprozesse das Typische einer Person/einer bestimmten Zielgruppe etc. herausgefunden. Dies resultiert in qualitativen Forschungsansätzen mit größtmöglicher Erzählfreiheit der Interviewten. In der Praxis führt eine phänomenologische Position zu einer Haltung des Interesses an der Lebenswelt von Klient*innen und zu einer offenen, gezielt vorurteilsfreien Haltung.

> **Reflexionsfragen**
>
>
>
> - Beschreiben Sie die Reduktionsprozesse der Phänomenologie. Wozu dienen sie?
> - Ordnen Sie die Phänomenologie im Koordinatenkreuz der vier erkenntnistheoretischen Grundpositionen (▶ Abb. 1) ein.
> - »Phänomenologen sind Idealisten, die versuchen, möglichst realistisch vorzugehen.« Diskutieren Sie diese Aussage und legen Sie dar, warum Sie ihr zustimmen oder sie ablehnen würden.
> - Ein Sozialarbeiter arbeitet in einem Jugendzentrum in Berlin-Neukölln, in dem hauptsächlich türkische Jugendliche verkehren. Worauf legt er in seiner praktischen Arbeit als Phänomenologe besonderen Wert?

Weiterführende Literatur

Lamnek, Siegfried & Krell, Claudia (2016): Qualitative Sozialforschung (6., überarb. Aufl.). Weinheim, Basel: Beltz.
Böhmer, Anselm (2020): Phänomenologie. Erkenntnistheoretische Prinzipien, Perspektiven, Probleme. In: Stefan Borrmann & Christian Spatscheck (Hrsg.): Architekturen des Wissens (90–106). Weinheim: Beltz Juventa.

3.2 Hermeneutik

> **☞ Überblick**
>
> Die wissenschaftstheoretische Position der Hermeneutik geht – ebenso wie die Phänomenologie – von der Subjektivität der menschlichen Erkenntnis aus. Im Unterschied zur Phänomenologie (▶ Kap. 3.1) werden in der Hermeneutik jedoch Vorannahmen nicht gezielt zurückgestellt, sondern gerade für den Erkenntnisprozess nutzbar gemacht. Im Folgenden wird kurz in die Hermeneutik als Philosophie des Verstehens eingeführt. Anschließend werden verschiedene Facetten des Verstehensprozesses beleuchtet. In der Folge wird aufgezeigt, was für hermeneutisch-orientierte Forschung und Praxis in der Sozialen Arbeit typisch ist. Schließlich wird auf Kritikpunkte an diesem Ansatz eingegangen.

3.2.1 Hermeneutik als Philosophie des Verstehens

Die Hermeneutik ist die »Philosophie des Verstehens« (altgriech. »hermēneúein« für »auslegen«). Sie fragt danach, was die grundlegende Natur des Verstehens ist, bis zu welchem Grad Verstehen überhaupt möglich ist und welche Bedeutung dem Verstehen in der menschlichen Existenz zukommt.

Als Begründer der allgemeinen Hermeneutik gilt der Philosoph Friedrich Schleiermacher (1768–1834), auf den sich später Wilhelm Dilthey

(1833–1911) bezog. Dilthey sah die Hermeneutik als spezifische Methode der Geisteswissenschaften an in Abgrenzung zu den Naturwissenschaften: »Die Natur erklären wir, das Seelenleben verstehen wir« (Dilthey 1824/ 1964, 144). Während sich der Begriff der Erklärung auf das Erkennen allgemeingültiger (Natur-)Gesetze bezieht, konzentriert sich das Verstehen auf das Individuum und interpretiert seine Lebensäußerungen.

Zwei wichtige Vertreter im 20. Jahrhundert waren der schon im Kapitel »Phänomenologie« (▶ Kap. 3.1) erwähnte Martin Heidegger (1889–1976) und Hans-Georg Gadamer (1900–2002). Beide heben die Bedeutung des Verstehens als für den Menschen existentiell hervor. Gadamer maß dem unter gemeinsamer Fragestellung geführten Gespräch die größte Bedeutung für den hermeneutischen Erkenntnisgewinn zu. Martin Heidegger ging einerseits von der Erscheinung der Dinge aus, befasste sich aber andererseits auch mit dem Verstehen als wesentlicher Seinsweise des Menschen. Sein Ansatz wird daher als »hermeneutische Phänomenologie« bezeichnet. Auch im Lebensweltkonzept von Alfred Schütz (1899–1959) fließen Phänomenologie und Hermeneutik zusammen. Er beschäftigte sich sowohl mit sozialer Wirklichkeit, wie sie vom Menschen als seine Lebenswelt erlebt wird, als auch mit dem Verstehen sozialer Handlungen. Die von ihm begründete Soziologie wird daher »Verstehende Soziologie« genannt.

In der Wissenschaftstheorie kann die Hermeneutik als die Kunst, dauerhaft fixierte, menschliche Lebensäußerungen zu verstehen, bezeichnet werden. In einem engeren Sinne befasst sie sich dabei mit der Interpretation von Texten. In einem weiteren Sinne versucht sie, verschiedenste menschliche Schöpfungen, z. B. auch Kunstwerke, zu deuten. In den Sozialwissenschaften wird ein Verstehen von Gesprächsinhalten angestrebt.

Die erkenntnistheoretische Basis der Hermeneutik liegt im Idealismus und im Rationalismus, denn die Hermeneutik nähert sich dem Einzelfall unter Einbezug der eigenen und daher subjektiven Vorkenntnisse an (▶ Kap. 2.1).

3.2.2 Facetten des Verstehensprozesses

Erkenntnisse werden in der Hermeneutik durch einen ausgefeilten, facettenreichen Verstehensprozess erlangt. Die verschiedenen Formen des Verstehens seien im Folgenden unter Bezugnahme auf ein Beispiel erläutert, das Mika in ihrer praktischen Tätigkeit begegnet:

Fallbeispiel

Mika hat ihr Studium abgeschlossen. Sie ist sich aber noch unsicher, in welchem Bereich sie langfristig arbeiten will. Da bietet ihr die Betreuerin ihrer Bachelorarbeit eine Stelle in einem Projekt zur Förderung der Gesundheit von Studierenden an. Im Rahmen dieses Projekts gibt Mika Entspannungs- und Stressmanagementkurse. Außerdem können sich Studierende bei körperlichen und psychischen Problemen individuelle Unterstützung holen. Eines Tages sucht Amal die Anlaufstelle auf. Er kommt aus Indien und studiert Wirtschaftsingenieurwesen. Amal macht sich große Sorgen, die anstehende Grundlagenprüfung in Mathematik zum zweiten Mal nicht zu bestehen. Das Gespräch wird in englischer Sprache geführt. Kann Mika Amal, der aus einem anderen Kulturkreis kommt, vollumfänglich verstehen?

Grammatikalisches und psychologisches Verstehen

Schleiermacher (1838, 13) unterschied zwischen grammatischem und psychologischem Verstehen. Er war der Auffassung, dass sich das Denken des Menschen in seiner Sprache manifestiert und daher nur über diese zugänglich ist. Verstehen geschehe daher zum einen auf sprachlicher (= grammatischer) Ebene. Mika und Amal können sich auf Englisch nicht so gut ausdrücken, wie in ihrer Muttersprache. Der gegenseitige Verstehensprozess wird dadurch eingeschränkt.

Beim psychologischen Verstehen geht es darum, sich in die Lebensrealität der anderen Person einzufühlen und ihre Intentionen nachzuvollziehen. Hierzu werden eigene subjektive Erfahrungen herangezogen: Mika ist in ihrem Studium zweimal durch die Statistikprüfung gefallen. Sie hatte damals ebenfalls große Prüfungsangst und kann daher nachempfinden, wie es Amal geht.

Elementares und höheres Verstehen

Dilthey (1927/1965, 207 ff.) differenzierte zwischen elementarem und höherem Verstehen. Elementares Verstehen ist in alltägliche Abläufe eingebettet. Wenn Amal mit einem »Hi, I am Amal« zur Tür hereinkommt, kann Mika das ohne Probleme verstehen. Höheres Verstehen erfordert dagegen die Berücksichtigung eines größeren Zusammenhangs. Gesprächsinhalte werden z. B. erst durch den Kontext der Situation, in der sie geäußert werden, verständlich. Würde Amal die Aussage treffen, er sei müde, dann könnte dies signalisieren, dass er einen anstrengenden Tag gehabt hat. Es könnte aber auch bedeuten, dass er keinen Sinn mehr in seinem Studium sieht, und es abbrechen will.

In einem weiteren Sinn sind in das höhere Verstehen auch die geschichtlichen, räumlichen und sozialen Bezüge der Äußerungen eines Menschen einzubeziehen. Über das International Office ihrer Hochschule erfährt Mika, dass viele internationale Studierende relativ isoliert von deutschen Studierenden leben. Außerdem erfährt sie, dass die Aufenthaltserlaubnis für Studierende aus Nicht-EU-Ländern begrenzt ist. Schließlich bestehe häufig ein hoher Erwartungsdruck der Familie im Heimatland, das Studium zügig abzuschließen. Durch diese komplexen Hintergrundinformationen kann Mika sich eine bessere Vorstellung davon machen, unter welchem Druck Amal möglicherweise steht.

Objektiver Geist und Hermeneutische Differenz

Voraussetzung für Verstehen ist, dass es etwas Gemeinsames zwischen der Person, die verstehen möchte, und der Person, die verstanden wird, geben muss. Dieses Gemeinsame wird in der Hermeneutik »Objektiver Geist« genannt. Wenn Amal Mika mitteilt, dass in Mathematik 50 % aller Studierenden durchfallen, dann kann sie sich fragen, was sie selbst mit dieser Äußerung meinen würde. Sie an Amals Stelle würde damit ihrem Gegenüber erklären wollen, warum ihre Prüfungsangst so groß ist. Sie schreibt Amal also einen bestimmten inneren Zustand aufgrund seiner Äußerung zu. Damit diese Zuschreibung korrekt ist, muss es eine geistige Ähnlichkeit zwischen ihm und ihr geben. Diese ist dadurch gegeben, dass beide Erfahrungen mit Prüfungsangst haben. Andererseits geht die Hermeneutik auch davon aus, dass immer eine letzte Differenz zwischen Menschen bestehen bleibt, d. h., dass das Verstehen nie vollständig gelingt. So wird Mika sich nie hundertprozentig in Amal hineinversetzen können, da sie anders sozialisiert ist und andere Erfahrungen gemacht hat. Diese »Hermeneutische Differenz« tritt vor allem auf der Ebene des höheren Verstehens auf. Auf der Ebene des psychologischen Verstehens ist die Differenz geringer und kann durch »sympathetisches und kongeniales Verstehen« überwunden werden (Gadamer 1960/2010, 194).

Der Hermeneutische Zirkel

»Grundsätzlich gesehen ist Verstehen immer [...] die wiederholte Rückkehr von dem Ganzen zu den Teilen und umgekehrt [...]. Dazu kommt, dass dieser Kreis sich ständig erweitert, indem der Begriff des Ganzen ein relativer ist und die Einordnung in immer größere Zusammenhänge immer auch das Verständnis des einzelnen berührt« (Gadamer 1969/2010, 194).

Dieses Zitat von Gadamer beschreibt den »Hermeneutischen Zirkel« als ein Denken in Kreisläufen. Der Blick wird abwechselnd auf den Gesamtzusammenhang und auf das Detail gerichtet.

Fallbeispiel – Fortsetzung

Dies kann gut am Beispiel eines Sprichworts verdeutlicht werden: Amal erzählt Mika, dass der Wahlspruch seiner Schule in Indien »If you snooze, you lose« gewesen sei. Um diesen Satz zu verstehen, muss Mika abwechselnd den Blick auf die einzelnen Wörter und auf den Gesamtzusammenhang richten. »Snooze« kennt sie als Funktion ihres Handyweckers. Aktiviert sie diese Funktion, kann sie sich nach dem ersten Weckerklingeln noch einmal umdrehen, bis der Wecker ein zweites Mal läutet. Aber was hat das mit Schule zu tun? Die Person in dem Wahlspruch verliert etwas. Was könnte sie in der Schule verlieren? Den Anschluss? Schließlich kommt Mika zu der Interpretation, dass hier so etwas wie »Ruhe Dich niemals aus, sonst schaffst Du es nicht« gemeint ist. Sie hat ihr Augenmerk bei dieser Übersetzung abwechselnd auf das einzelne Wort und auf den Kontext, in dem der Satz gesagt wurde, gerichtet.

Gadamer spricht außerdem von einer ständigen Erweiterung des Zirkels (▶ Abb. 4). Hiermit ist gemeint, dass sich durch die Auseinandersetzung mit neuen Inhalten das bereits vorhandene Verständnis verbreitert und vertieft. Bspw. hat Mika zu Beginn ihres Kontakts mit Amal bereits eine bestimmte Vorstellung davon, dass ihm vieles in Deutschland fremd erscheinen muss, weil sie selbst schon mehrfach im Ausland in Urlaub war. Durch ihr Gespräch mit dem International Office erfährt sie mehr über die Lebenslage internationaler Studierender. Dann liest sie vielleicht noch Fachliteratur über die typischen Herausforderungen, die sie bewältigen müssen, und spricht mit Studierenden aus verschiedenen Ländern. Jedes Mal erweitert sich ihr Verständnis von der Thematik. Jedes Mal nimmt sie die neuen Informationen vor dem Hintergrund ihres jeweiligen Vorverständnisses auf.

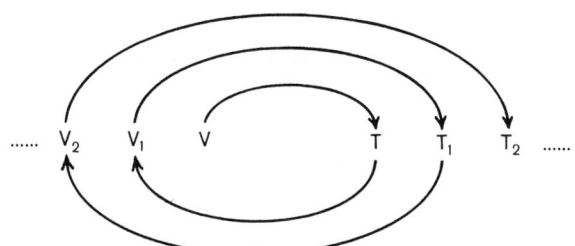

V = Vorverständnis; T = Textverständnis; V_1 = erweitertes Vorverständnis; T_1 = erweitertes Textverständnis usw.

Abb. 4: Der Hermeneutische Zirkel (Danner, Helmut (1979/2006): Methoden geisteswissenschaftlicher Pädagogik: Einführung in Hermeneutik, Phänomenologie und Dialektik (5., überarb. u. erw. Aufl.). München: Reinhardt, 62)

3.2.3 Einbindung von Vorwissen in die Forschung

Hermeneutisch orientierte sozialwissenschaftliche Forschung ist gesprächsbasiert und gehört damit zur qualitativen Forschung (▶ Kap.1.2). Bei der Planung, Durchführung und Auswertung der entsprechenden Interviews wird methodisch kontrolliert vorgegangen. Angestrebt wird ein wissenschaftlich fundiertes Verstehen, nicht nur ein Einfühlen in den Anderen.

Ein gutes Beispiel für eine hermeneutisch angelegte Planung und Durchführung der Datenerhebung ist das Problemzentrierte Interview. Im Mittelpunkt stehen dabei die Erfahrungen, Wahrnehmungen und Reflexionen der Befragten zu einem ganz bestimmten Problem. Das Interview wird im Unterschied zur phänomenologisch orientierten Forschung (▶ Kap. 3.1.3) mithilfe eines Leitfadens geführt, der das eigene Vorwissen über die Thematik berücksichtigt. Würde sie eine Studie zur Lebenssituation internationaler Studierender durchführen, könnte Mika mittlerweile wichtige Überlegungen einfließen lassen, welche Themenbereiche hier auf jeden Fall angesprochen werden sollten. Bei der Interviewführung werden auf das Problem gerichtete, vorformulierte offene Fragen gestellt. Es können aber auch im Gesprächsverlauf Nachfragen generiert werden, um die subjektive Problemsicht der Interviewten weiter aufzudecken. Generell wird darauf geachtet, dass alle vorher festgelegten Themen auch angesprochen werden, so dass die Vergleichbarkeit von Interviews mit verschiedenen Personen gewährleistet ist. Die Interviews werden anschließend sorgfältig und nach bestimmten Regeln verschriftlicht (Transkription) und einem hermeneutischen Auswertungsprozess unterzogen. Neben dem Problemzentrierten Interview gibt es auch andere Formen qualitativer Interviews, die ebenfalls auf der Grundlage von Vorabrecherchen darüber entscheiden, welche Punkte mutmaßlich für die Befragten relevant sind und die Interviewfragen darauf beziehen. Hier sind u. a. das Episodische Interview und das Fokussierte Interview zu nennen (vgl. Lamnek & Krell 2017, 362).

Die Auswertung erfolgt zunächst einzelfallorientiert, später ist ein Vergleich der Aussagen verschiedener Personen möglich, um z. B. einen sozialen Sachverhalt aus unterschiedlichen Perspektiven zu beleuchten. Die Auswertung wird von Reflexionsfragen geleitet: Welche Bedeutung verleiht die interviewte Person dem Gesagten? Welche Perspektive nimmt sie ein? In welchem sozialen, kulturellen und geschichtlichen Kontext steht das Gesagte? Warum verwendet die Person bestimmte sprachliche Ausdrücke? Ist der Sprachstil der Person in einem bestimmten sozialen Kontext üblich, z. B. in einer bestimmten Subkultur? Welchen Sinn macht eine Aussage im Gesamtzusammenhang?

Um die Aussagekraft der Ergebnisse zu erhöhen, werden die Texte in der Regel von verschiedenen Mitgliedern einer Forschergruppe unabhängig voneinander interpretiert und die Ergebnisse anschließend verglichen. Schließlich werden die eigenen theoretischen Konzepte anhand der Ergebnisse ergänzt oder modifiziert.

3.2.4 Verstehen in der Praxis

Hermeneutische Verfahren erfordern ein Sich-Hineinfinden und Sich-Einarbeiten in komplizierte Sinnzusammenhänge. Ein hermeneutischer Zugang ist damit sehr hilfreich, wenn es darum geht, einen Fall zu verstehen: die Bedeutung etwa der Familien- oder Paarkonstellation, der sozialen Herkunft, der Sozialisations- und Bildungsgeschichte. Im Gespräch beschreiben die Klient*innen ihre Lebenslage und ihre wichtigsten biografischen Erfahrungen und Konfliktbelastungen. Diese Kontextinformationen dienen einem höheren Verstehen und können durch weitere Informationsquellen, z. B. Akten, Beobachtungen anderer, usw. ergänzt werden. Das Verstehen des*der Klient*in wird auf diese Weise immer weiter vertieft. Das Gespräch selbst ist durch eine offene Haltung gekennzeichnet. Das eigene Vorwissen gilt zwar als Ausgangsbasis für das Verstehen, wird jedoch nicht absolut gesetzt (vgl. Gadamer 1969/2010, 273). Im Sinne des psychologischen Verstehens wird der Wahrnehmung der Emotionen des*der Klient*in besondere Beachtung geschenkt. Die Offenheit im Gespräch, die Berücksichtigung der emotionalen Ebene und das ausgeprägte Interesse an der Lebensgeschichte des*der Klient*in und seinen*ihren Lebensumständen führen in der Regel zu einer guten Arbeitsbeziehung. Wurde verstanden, welche Lebensthemen den*die Klient*in beschäftigen, können Hilfemaßnahmen anschließend sinnvoll in den subjektiven Sinnzusammenhang der Person eingebettet werden.

3.2 Hermeneutik

Fallbeispiel – Fortsetzung

Auch Mika konnte ein professionelles Verständnis dafür entwickeln, unter welchen Belastungen Amal steht. Sie gibt ihm daher nicht nur konkrete Informationen zum Prüfungsrecht und Lerntipps. Um seine sozialen Kontakte zu intensivieren und einen Ausgleich zu schaffen, empfiehlt sie ihm außerdem die Teilnahme an einer Yogagruppe, die sie an der Hochschule anbietet. Mit Yoga hat Amal schon in seiner Heimat einige Erfahrung gesammelt. Nach der ersten Yogastunde, an der er teilgenommen hat, wirkt er sehr ausgeglichen und meint zu Mika, er habe ganz vergessen, wie gut das täte.

3.2.5 Kritik an der Subjektivität der Hermeneutik

Die Hermeneutik wurde vor allem für ihren subjektiven Zugang kritisiert. Die Ergebnisse seien letztlich spekulativ, nicht überprüfbar und würden daher keine belastbaren Aussagen liefern (vgl. Stegmüller 1966). Die Ergebnisse naturwissenschaftlicher Messungen seien hingegen intersubjektiv gültig.

Ein zweiter wichtiger Kritikpunkt an der Hermeneutik ist eine gewisse Beliebigkeit, die durch den rückblickenden Charakter der Deutung entsteht. Vorhersagen werden dagegen nicht gemacht. Der Philosoph Wolfgang Stegmüller machte dies an folgendem Beispiel deutlich:

»Versuchen wir, uns geistig in die Situation der Bewohner einer belagerten Stadt zu versetzen [...], so können wir ebenso gut verstehen, dass aufgrund der langen Kämpfe und Entbehrungen der Durchhaltewille der Bevölkerung zusammenbricht, sodass schließlich die Stadt vor dem Feind kapituliert, wie wir verstehen können, dass sich ein trotziger Widerstandsgeist entwickelt, der zur erfolgreichen Verteidigung der Stadt führt [...]. Aufgrund historischer Berichte wissen wir, wie es tatsächlich ausgegangen ist. Wenn wir uns aber aufgrund dieses Tatsachenberichtes für die eine und nicht für die andere Alternative entscheiden, so ist damit der Erklärungswert der durch die Methode des Verstehens gewonnenen Hypothese vollkommen entwertet. Die angebliche Erklärung aus den Motiven der beteiligten Personen ist wegen ihres ex-post facto Charakters eine Pseudoerklärung« (Stegmüller 1966, 10).

3 Wissenschaftsleitende Ansätze

Schließlich könnte der Hermeneutik aus Sicht der Praxis vorgeworfen werden, ihren Fokus zu stark auf das Individuum zu richten und soziale Sachverhalte, die über das Individuum hinausgehen, zu vernachlässigen.

Auf den Punkt gebracht

Die Hermeneutik will fremde Lebenswelten verstehen. Voraussetzung dafür ist, dass es mit dem »Objektiven Geist« etwas Gemeinsames zwischen dem Verstehendem und der anderen Person gibt. Der Verstehensprozess verläuft dann zirkelartig unter ständiger Erweiterung des eigenen Wissens sowie im gegenseitigen Sich-Erhellen der einzelnen Teile des Gesagten. Eine besondere Rolle kommt dem höheren Verstehen zu, bei dem vielfältige Kontextaspekte einbezogen werden. Der hermeneutische Zugang resultiert in interviewbasierten Forschungsansätzen, in denen das Vorwissen der Wissenschaftler*innen mit eingebunden wird. In der Praxis führt eine hermeneutische Haltung zu einem intensiven Bemühen um ein Verstehen der Lebenswelt der Klient*innen. Dem sozialen und biografischen Kontext und der Beziehungsarbeit kommen hier besondere Bedeutung zu.

Reflexionsfragen

- Inwieweit sind die Ergebnisse hermeneutischer Forschung intersubjektiv gültig? Diskutieren Sie!
- Was würden Sie dem Kritikpunkt entgegenhalten, dass die rückblickende Deutung der Hermeneutik beliebig ist?
- Was sind aus Ihrer Sicht Vor- und Nachteile eines hermeneutischen Zugangs in der Praxis der Sozialen Arbeit?
- Skizzieren Sie für folgende Fragestellung eine hermeneutisch-orientierte Studie: In welchen Bereichen bestehen Probleme bei der Resozialisierung von ehemaligen Strafgefangenen? Zeigen Sie dabei auf, wie Sie hermeneutische Prinzipien bei Datenerhebung und Auswertung berücksichtigen würden.

Weiterführende Literatur

Brühl, Rolf (2015): Verstehen. In: Rolf Bühl (Hrsg.): Wie Wissenschaft Wissen schafft (103–151). Konstanz: UVK.
Danner, Helmut (1979/2006): Methoden geisteswissenschaftlicher Pädagogik: Einführung in Hermeneutik, Phänomenologie und Dialektik (5., überarb. u. erw. Aufl.). München: Reinhardt.

3.3 Kritische Theorie

☞ Überblick

Im Unterschied zu den vorhergehenden Positionen ist die Kritische Theorie ein gesellschaftsanalytischer Ansatz. Der Begriff »Kritische Theorie« bezieht sich dabei nicht auf eine einzelne Theorie zur Erklärung eines bestimmten Sachverhalts, sondern kennzeichnet eine bestimmte, umfassende Sichtweise auf die Gesellschaft und auf Wissenschaft. Sie hat damit – wie die anderen Wissenschaftstheorien auch – Implikationen für Forschung und Praxis. Im Folgenden werden zunächst die historische Entwicklung der Kritischen Theorie und ihre Kritik an der Gesellschaft geschildert. Dann wird genauer auf Kritik als Methode eingegangen. Es folgt eine Charakterisierung von Forschung im Geiste der Kritischen Theorie. Anschließend wird ihr kompliziertes Verhältnis zur politischen Praxis aufgezeigt. Zudem wird auf ihre Bedeutung für die Soziale Arbeit eingegangen. Abschließend werden einige kritische Einwände zur Diskussion gestellt.

3.3.1 Dialektik der Aufklärung

Die Kritische Theorie nahm in den 1920er und 1930er Jahren am Frankfurter Institut für Sozialforschung ihren Anfang. Sie wird daher auch

»Frankfurter Schule« genannt. Ihr geistiger Kopf war Theodor W. Adorno (1903–1969), der Direktor des Instituts war Max Horkheimer (1895–1973). Aufgrund ihrer jüdischen Abstammung mussten beide 1933 in die USA emigrieren, kehrten aber 1950 nach Deutschland zurück.

Das Hauptwerk der Kritischen Theorie ist die »Dialektik der Aufklärung« (Horkheimer & Adorno 1944). In der Aufklärung (1680–1800) breitete sich der Gedanke aus, dass die Menschen ihre Vernunft kritisch einsetzen und sich dadurch von Aberglauben und Autoritäten befreien sollten. Im Gegensatz dazu hatten Horkheimer und Adorno jedoch die Ausbreitung des Faschismus in Europa erlebt und waren Zeitzeugen des Zweiten Weltkriegs und des Holocaust. Sie fragten sich, wie das trotz Aufklärung möglich gewesen war. Sie analysierten daher bestehende Ideologien und Herrschaftsverhältnisse und versuchten, die geschichtlichen Prozesse zu begreifen, die zu diesen Verhältnissen geführt hatten.

»Dialektik« bedeutet, dass gegenüber einer Sichtweise (These) ihr Gegenteil (Antithese) vertreten wird und beide auf einer höheren Ebene (Synthese) aufgehoben werden, wodurch der Widerspruch zugleich bewahrt und überwunden wird. Mit der »Dialektik der Aufklärung« wollten Horkheimer und Adorno also Denkprozesse anstoßen und auf diese Weise zur Befreiung des Menschen von seiner Fremdbestimmung beitragen. Indem sie den gegenwärtigen Zustand kritisierten, sollte der Aufklärungsgedanke auf eine höhere Ebene gebracht werden.

In der Kritischen Theorie flossen die Kapitalismusanalyse von Karl Marx (1818–1883) und die Psychoanalyse von Sigmund Freud (1856–1939) zusammen. Daher wird der Ansatz im Englischen auch als »Freudo-Marxismus« bezeichnet. Im Vergleich zum Marxismus fand jedoch eine Verlagerung von der Politik in die Philosophie statt. Auch nahm die Kritische Theorie kulturelle Phänomene stärker in den Blick als der Marxismus. Mit der Psychoanalyse wollte sie erklären, wie Vorurteilsmechanismen entstehen und warum sich Menschen autoritären Strukturen beugen. Auf der Grundlage von Marxismus und Psychoanalyse sollten die ökonomischen und politischen Verhältnisse sowie die soziale Beschaffenheit moderner Industriegesellschaften umfassend analysiert werden.

Ihre erkenntnistheoretische Basis hat die Kritische Theorie im Idealismus und im Rationalismus (▶ Kap. 2.1): Da nach Auffassung der Kritischen Theorie die Erkenntnisweise des Menschen von gesellschaftlichen

Strukturen geprägt wird (▶ Kap. 3.3.2), kann er die Gesellschaft nicht objektiv erkennen. Stattdessen muss er sie mithilfe seiner Vernunft analysieren.

Zum Kreis der Kritischen Theorie zählte neben Horkheimer und Adorno auch Herbert Marcuse (1898–1979). Er lehrte lange in den USA und galt als Vordenker der Studentenbewegung. Auch der Psychoanalytiker Erich Fromm (1900–1980), der Kulturkritiker Walter Benjamin (1892–1940) und der Soziologe Leo Löwenthal (1900–1993) waren der Kritischen Theorie verbunden. Jürgen Habermas (*1929) verfolgte das Projekt einer emanzipatorischen Gesellschaftstheorie weiter. In seiner »Theorie des kommunikativen Handelns« beschäftigte er sich insbesondere damit, wie über Sprache Verständigung zwischen Menschen ein vernünftiger gesellschaftlicher Konsens erzielt werden kann. Weiterentwickelt wird die Kritische Theorie auch von Axel Honneth (*1949), der sich mit fehlender Anerkennung als zentralem Merkmal sozialer Konflikte beschäftigt. Nancy Fraser (*1947) analysiert, ob die kapitalistische Gesellschaft tatsächlich Fortschritte, was Ökologie, Feminismus und Diversity anbetrifft, erreichen kann.

3.3.2 Kritik als Methode

Im Folgenden wird ein Beispiel für einen kritikwürdigen Zustand gegeben, mit dem Mika in ihrer beruflichen Praxis konfrontiert wird. Anhand dieses Beispiels sollen einige Grundpfeiler der Kritischen Theorie aufgezeigt werden.

Fallbeispiel

Mika unterstützt weiterhin Studierende und Lehrende an ihrer Hochschule in Gesundheitsfragen. Eines Tages wendet sich ein Lehrbeauftragter an sie: In einem internationalen Studiengang würden sich in seinem Seminar bei Gruppenarbeiten einige Studierende nur in ihrer Landessprache unterhalten und damit Kommiliton*innen aus anderen Ländern ausgrenzen. Auch im Gespräch mit einzelnen ausländischen Studierenden hat Mika schon öfter den Eindruck gewonnen, dass sie

> von anderen Studierenden, aber auch von Lehrenden diskriminiert werden. Dies ist ein gesellschaftlicher bzw. in diesem Fall hochschulbezogener Missstand, auf den Mika aufmerksam geworden ist: Es werden Machtstrukturen sichtbar, die bestimmte Studierende benachteiligen.

Das Individuum ist selbst Teil der Gesellschaft und kann diese daher nicht von außen betrachten und unmittelbar zum Positiven verändern. Es kann die Gesellschaft jedoch kritisieren. Diese Kritik ist ihrer Natur nach negativ, sog. »konstruktive Verbesserungsvorschläge« müssen nicht gemacht werden (vgl. Behrens 2008). Durch die Kritik des Individuums an der Gesellschaft, scheint dann aber eine Utopie hervor, wie diese sein könnte (▶ Abb. 5). Indem Mika den IST-Zustand in dem beschriebenen Seminar kritisiert, zeichnet sich für sie die Utopie einer Lehrveranstaltung ab, in der alle durchgängig in einer Sprache kommunizieren und miteinander zusammenarbeiten. Das bedeutet nicht, dass Mika schon ganz konkret wissen muss, wie dieser Idealzustand erreicht werden kann, aber doch jedenfalls, dass ein Nachdenken über entsprechende Maßnahmen erforderlich ist.

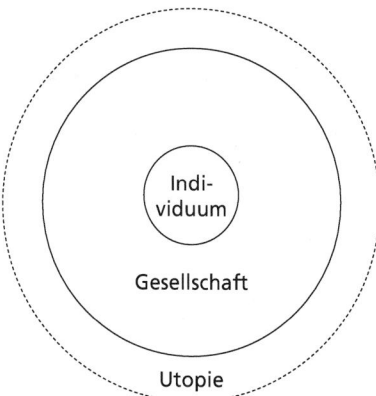

Abb. 5: Kritik und Utopie (eigene Darstellung)

Soll Kritik auch in politische Aktionen münden und so versuchen, die Gesellschaft zu verändern? Die Meinungen dazu waren geteilt: Mitte der 1960er Jahre kam es in Westdeutschland zur Studentenbewegung, die gegen Autorität, Konsumgesellschaft, Patriarchat, Krieg und die Verdrängung des Nationalsozialismus im Nachkriegsdeutschland protestierte. Es wurde die Überwindung von Unterdrückung und Manipulation gefordert. Politische Aktionen sollten dies unterstützen. Die Kritische Theorie erschien dieser Bewegung als theoretisches Fundament. Adorno lehnte politische Aktionen jedoch ab. Er konnte sich mit der Studentenbewegung nicht vorbehaltlos identifizieren, so dass es zur Abwendung der Studierenden von Adorno und zu Konflikten kam. Nach Adornos Auffassung impliziert eine gezielte kritische Analyse bereits die Aussage, dass es bestimmte Verhältnisse nicht geben sollte. Dagegen bliebe praktisches Handeln letztlich Teil des Systems und könne es nicht verändern: Insbesondere lehnte Adorno alle gewaltsamen Aktionen strikt ab. Somit begriff er die Kritische Theorie nicht als Handlungsanweisung, sondern als geistige Haltung. Das gedankliche Sich-Widersetzen war sozusagen für Adorno eine Form der Praxis. Wollte Mika dem entsprechen, müsste sie also genau analysieren, ob, wo und wie Diskriminierungsprozesse an der Hochschule stattfinden und die Ergebnisse kommunizieren.

3.3.3 Missstände der modernen Gesellschaft

Wie in dem Praxisbeispiel deutlich wurde, geht es in der Kritischen Theorie also darum, Missstände kritisch zu benennen und dadurch Veränderungen zu begünstigen. Welche Missstände sah die Kritische Theorie nun als vordringlich an?

»Es gibt kein richtiges Leben im falschen« (Adorno 1951/1970, 42). Dieser Satz steht bis heute für die Verunsicherung und Widersprüchlichkeit des modernen Menschen, die die Kritische Theorie wie folgt beschreibt: Einerseits würden wir von den medizinischen und technischen Entwicklungen unserer Zeit profitieren, ja seien geradezu wissenschaftsgläubig. Wir könnten auch auf ein großes Warenangebot zurückgreifen. Andererseits würden wir aber den Kontakt zu uns selbst verlieren. Denn indem wir uns am Konsum orientierten, entfernten wir uns von unseren eigentlichen Bedürfnissen. Nach Auffassung der Kritischen Theorie existiert der Mensch somit nicht nach seinen Möglichkeiten. Es bleibe kein

Spielraum für Eigeninitiative, Selbstbestimmung und schöpferische Aktivität.
Hierfür hat der Kritischen Theorie zufolge die sog. »Kulturindustrie« eine stabilisierende Funktion. Die Kulturindustrie mache die Menschen zu unkritischen Kulturverbraucher*innen und normiere sie, statt zu ihrer Emanzipation beizutragen. So schrieb Adorno »Durch die ungezählten Agenturen der Massenproduktion und ihrer Kultur werden die genormten Verhaltensweisen dem Einzelnen als die allein natürlichen, anständigen, vernünftigen aufgeprägt« (1947/1969, 44). Außerdem würde die Kulturindustrie die Entfremdung des Menschen von sich selbst fördern, indem sie ihn mit Ersatzbefriedigungen abspeise.

Weiterhin kritisierte die Kritische Theorie besonders die Aneignung und Zerstörung der Natur, die Ausbeutung des Arbeitsvermögens anderer und faschistische Einstellungen in der Gesellschaft. Herrschaftsverhältnisse würden sich zudem nach Auffassung der Kritischen Theorie wie in einem Kreislauf immer wiederholen. Ein Beispiel hierfür aus der Gegenwart könnten z. B. sich wiederholende Verdrängungsprozesse im sozialen Raum sein: In ein ärmeres Stadtviertel einer Großstadt ziehen aufgrund der niedrigen Mieten viele Künstler*innen und Studierende. In der Folge entwickelt sich die Gegend zu einem angesagten Stadtviertel. Daraufhin lassen sich auch aufstrebende Unternehmen dort nieder. Die Mieten steigen, immer mehr wohlhabende Menschen ziehen hinzu. Dadurch werden die ärmeren Bevölkerungsgruppen verdrängt und weichen in einen anderen Stadtteil aus. Dort wiederholt sich der Prozess.

Macht wird nach Auffassung der Kritischen Theorie in der Gesellschaft dabei auch über Sprache ausgeübt: Würde das Stadtviertel in obigem Beispiel z. B. als »sozialer Brennpunkt« bezeichnet, wäre es wohl kaum ein so attraktiver Wohnort. Vielmehr würde diese Bezeichnung vermehrte Kontrollen durch staatliche Behörden rechtfertigen. Die dortige Bevölkerung würde damit von vorneherein eines abweichenden Verhaltens verdächtigt und damit zu Bürger*innen zweiter Klasse gemacht.

Der Kritischen Theorie zufolge durchdringen die beschriebenen Verhältnisse alle Bereiche der Gesellschaft. Wir könnten daraus nicht ausbrechen und blieben Teil des Systems. Durch die kapitalistische Produktionsweise, aber auch durch die Massenmedien würden wir uns immer tiefer in Ausbeutungs- und Unterdrückungsmechanismen verstricken. Selbst die

Kritische Theorie sei Teil der Gesellschaft und müsse sich daher beständig selbst hinterfragen.

3.3.4 Gesellschaftsverändernde Forschung

Aus Sicht der Kritischen Theorie soll die empirische Sozialforschung die kritische Gesellschaftsanalyse unterstützen, indem sie Macht- und Herrschaftsverhältnisse offenlegt. Dies lässt sich gut am Beispiel der Studie zur autoritären Persönlichkeit (Adorno, Frenkel-Brunswik, Levinson & Sanford 1950), die in den 1940er Jahren in den USA durchgeführt wurde, zeigen. Fragestellung war, wie faschistische Einstellungen entstehen. In der Studie wurden mehr als 2000 Personen mit standardisierten Fragebögen, vertiefenden Interviews und psychoanalytischen Tests untersucht. Es zeigte sich ein Zusammenhang zwischen Faschismus und politisch-ökonomischem Konservatismus sowie Antisemitismus. Die Studie versuchte also, den Faschismus zu erklären, hatte aber auch einen politisch engagierten Blick auf gesellschaftliche Bedingungen, sie sollte somit zur Aufklärung der Menschen beitragen.

Heutzutage kommt in der Sozialen Arbeit oft noch ein weiterer Anspruch hinzu: Mitglieder der Zielgruppe sollen am Forschungsprozess beteiligt werden und dadurch einen Zuwachs an Wissen, Kompetenzen und Selbstwirksamkeit erfahren. Würde Mika bspw. eine partizipative Studie zu Diskriminierungserfahrungen ausländischer Studierender durchführen, dann würde sie den Interviewleitfaden mit internationalen Studierenden zusammen entwickeln. Die beteiligten Studierenden würden vielleicht selbst als Interviewer*innen tätig werden. Und bei der Auswertung würde Mika die Sicht der Studierenden auf das Datenmaterial berücksichtigen.

Es ist allerdings festzuhalten, dass gesellschaftskritische Forschung nicht grundsätzlich partizipative Forschung ist. Es werden auch viele nicht-partizipative meist soziologisch orientierte Studien durchgeführt, die komplexe gesellschaftliche Dynamiken erklären und kritisch analysieren wollen. Weiterhin muss sich Forschung im Sinne der Kritischen Theorie immer auch als Teil der Gesellschaft selbst reflektieren. Insbesondere muss sie überlegen, inwieweit die verwendeten Theorien von Herrschaftsinteressen geprägt sind und ob sie sich von ihren Geldgebern instrumentalisieren lässt. An der traditionellen Wissenschaft kritisierte die Kritische Theorie, dass sie gesellschaftliche Fakten einfach als Gegebenheiten hinnehme und soziale, ökonomische und historische Prozesse nicht in ihrer Gesamtheit und Wechselwirkung betrachten würde. Außerdem diene wissenschaftliche Erkenntnis dazu, die Natur zu beherrschen, und trüge so zur Entfremdung von der Natur bei. Auch die Verflechtung von Wissenschaft und Herrschaft werde nicht reflektiert, ethische Themen würden nicht angesprochen. Solche Art von Wissenschaft trage aber letztlich zum Weiterbestehen gesellschaftlicher Missstände bei. Diese Auseinandersetzung gipfelte im sog. Positivismusstreit zwischen Vertretern der Kritischen Theorie und des Kritischen Rationalismus (▶ Kap. 3.5.5).

3.3.5 Gesellschaftskritische Praxis

Im Berufsalltag bedeutet Kritische Theorie vor allem, Probleme in gesellschaftlichen Zusammenhängen zu denken. Belastende Lebenslagen von Klient*innen sind immer auch im Hinblick auf die dazu beitragenden strukturellen Bedingungen zu reflektieren. Der Fokus liegt somit nicht auf der Anpassung des Individuums an äußere Umstände, sondern gerade diese Umstände sind zu hinterfragen. Den einzelnen Klient*innen sind Bildungs- und Sozialisationsprozesse anzubieten, so dass sie sich emanzipieren können.

Insgesamt liefert die Kritische Theorie jedoch weniger Handhabe für die Einzelfallarbeit, sondern ist eher eine kritische Grundhaltung, die die Beratenden vertreten. So fordert die Kritische Soziale Arbeit, »die Begrenzungen und subtile Unterdrückungsmechanismen zu erkennen, zu kritisieren und gegebenenfalls zu zerstören, die dazu beitragen (sollen), gesellschaftliche Herrschaftsverhältnisse zu verinnerlichen« (Bettinger 2013, 164). Erkannte gesellschaftliche Missstände sind dabei kritisch zu benennen, auch ohne gleich einen Verbesserungsvorschlag zur Verfügung zu haben. Womöglich resultieren daraus jedoch Handlungsimpulse. Insbesondere ist eine Sensibilisierung für sprachliche Begrifflichkeiten, die gesellschaftliche Macht- und Hierarchieverhältnisse festigen, notwendig.

Auch die eigene Verstrickung in das System und die Gefahr der eigenen Instrumentalisierung sind zu reflektieren. Denn Soziale Arbeit wird ebenfalls als Teil des ökonomischen, wissenschaftlichen und sozialpolitischen Systems betrachtet.

Fallbeispiel – Fortsetzung

Mika beschließt, sich in einer Arbeitsgruppe an ihrer Hochschule zu engagieren, in der eine Antidiskriminierungsleitlinie entwickelt wird. Diese Leitlinie sieht u. a. einen Beirat vor, der für dieses Thema an der Hochschule kontinuierlich sensibilisiert. Nachdem die Leitlinie verabschiedet wurde und der Beirat seine Tätigkeit aufgenommen hat, plant er entsprechende Vortragsveranstaltungen und verbreitet aufklärende Informationen über die Social-Media-Kanäle der Hochschule. Auch organisiert der Beirat Fortbildungen für Lehrende. So kann Mika zwei Semester später dem Lehrbeauftragten, der sich an sie gewendet hatte, eine entsprechende Fortbildung empfehlen. Nach einigen Wochen schreibt er ihr eine E-Mail: Er hat die erste Sitzung des neuen Semesters für ein Kennenlernen der Studierenden untereinander und für die Stärkung des Gruppenzusammenhalts genutzt. Außerdem ist er mit den Studierenden die Antidiskriminierungsleitlinien durchgegangen. Das Seminar laufe jetzt wirklich gut. Erst gestern habe er beobachten können, dass bei einer Gruppenarbeit von allen Englisch gesprochen wurde und alle sich einbringen konnten.

3.3.6 Praxisferne als Vorwurf an die Kritischen Theorie

Aus marxistischer Sicht wurde der Kritischen Theorie vorgeworfen, die gesellschaftliche Veränderung zu wenig gesucht und sich stattdessen von der politischen Praxis isoliert zu haben (Lukács 1963). Dem ließe sich hinzufügen, dass eine kritische Grundhaltung auch dazu verführen kann, in ihr zu verharren: Als Verfechter*in der Kritischen Theorie kann man sich moralisch überlegen fühlen, ohne aktiv zu werden, denn politisches

Handeln war von der ursprünglichen Kritischen Theorie nicht vorgesehen (▶ Kap. 3.3.2).

Aus heutiger Sicht ist überdies anzumerken, dass die Aussage der Kritischen Theorie, in unserer Gesellschaft würden die Menschen durch Medien manipuliert und die Wissenschaft trage zur Erhaltung eines ungerechten Systems bei, das Misstrauen gegenüber Medienvertreter*innen und Wissenschaftler*innen schürt. Dies könnte den Gegner*innen von Demokratie und Toleranz direkt in die Hände spielen. Aus wissenschaftstheoretischer Sicht ist zu reflektieren, ob partizipative Forschung in der Praxis nicht oftmals eher zu einer sozialpädagogischen Maßnahme wird und den wissenschaftlichen Erkenntnisgewinn dabei aus dem Blick verliert.

Aus Sicht der Praxis ist zu fragen, ob die Hilfe für den*die einzelne*n Klient*in in der konkreten Situation nicht vernachlässigt wird. So können die Antidiskriminierungsleitlinien, an denen Mika mitgearbeitet hat, nur langfristig umgesetzt werden. Für diejenigen Studierenden, die konkret im laufenden Semester in dem entsprechenden Seminar ausgegrenzt wurden, kommt das zu spät. Die Veränderung von Strukturen ist ein langwieriger Prozess, die im akuten Einzelfall noch nicht greifen kann.

Auf den Punkt gebracht

Die Kritische Theorie analysiert gesellschaftliche Missstände mit dem Ziel, die Menschen von Konsumorientierung und Fremdbestimmung zu befreien. Der Fokus liegt dabei auf der Veränderung gesellschaftlicher Strukturen, nicht auf der Anpassung des Individuums an diese. Empirische Sozialforschung unterstützt diese Ziele. In der Praxis gilt es, gesellschaftliche Machtstrukturen öffentlich zu machen und gegenüber der eigenen Verwicklung in diese sensibel zu bleiben.

Reflexionsfragen

- Will die Kritische Theorie die Gesellschaft verbessern oder nicht? Diskutieren Sie!

- Viele Menschen konsumieren nach dem immer gleichen Muster aufgebaute Unterhaltungsserien. Was denken Sie, inwiefern entfremden sie sich dadurch von sich selbst?
- Was könnte Adorno mit dem Satz »Wer denkt, ist nicht wütend« gemeint haben?
- Ein 14-jähriger Jugendlicher schwänzt häufig die Schule. Da Schulschwänzen ein Risikofaktor für delinquentes Verhalten ist, sieht es der Schulsozialarbeiter als seine Aufgabe an, ihn wieder zum Schulbesuch zu bewegen. Was würde eine Vertreterin der Kritischen Theorie stattdessen tun?

Weiterführende Literatur

Behrens, Roger (2008): Kritische Theorie (2. Aufl.) Hamburg: EVA.
Horkheimer, Max & Adorno, Theodor W. (1947/1969): Dialektik der Aufklärung. Philosophische Fragmente. Frankfurt/Main: Fischer.
Schweppenhäuser, Gerhard (2010): Handbuch Kritische Theorie. Stuttgart: Reclam.

3.4 Logischer Empirismus

☞ Überblick

Das folgende Kapitel stellt mit dem Logischen Empirismus – im Unterschied zu den Kapiteln 3.1 bis 3.3 – einen stark naturwissenschaftlich orientierten, wissenschaftstheoretischen Ansatz vor. Er baut auf der Erkenntnistheorie des Empirismus auf und ist sehr eng mit diesem verknüpft. Daher werden in diesem Kapitel zunächst die induktiven Methoden des Empirismus geschildert. Anschließend werden die spezifischen Überlegungen des Logischen Empirismus vorgestellt. Beide Ausführungen sind unmittelbar relevant für die quantitative sozialwissenschaftliche Forschung (▶ Kap. 1.2), woraufhin dann an geeigneter Stelle

> direkt eingegangen wird. Am Ende des Kapitels wird die Bedeutung der induktiven Methoden für die Praxis geschildert und kritische Einwände werden benannt.

3.4.1 Grundlagen im Empirismus

Der Empirismus nahm im 17. Jahrhundert in Britannien seinen Anfang und reichte bis ins 19. Jahrhundert hinein. Zu den britischen Empiristen zählen John Locke (1632–1704), George Berkeley (1685–1753) und David Hume (1711–1776). In deren Tradition stehen John Stuart Mill (1806–1873) und Herbert Spencer (1820–1903). Dem Empirismus zufolge hat die Erkenntnis der Welt ihr Fundament in der Erfahrung. Die britischen Empiristen wollten durch Generalisierung von Beobachtungen wahre Erkenntnisse über die Natur gewinnen und Beziehungen zwischen Ursache und Wirkung klären.

Der Logische Empirismus ist eine strengere Fassung des Empirismus. Weil er neben dem Empirismus der Sprachlogik große Bedeutung beimisst, wird er als *Logischer* Empirismus bezeichnet. Da er zudem allein von beobachtbaren Tatsachen ausgeht, also vom »Positiven«, ist auch die Bezeichnung »Positivismus« üblich. Rudolf Carnap (1891–1970) und Moritz Schlick (1882–1936) gelten als Begründer des Positivismus. Anfang des 20. Jahrhunderts bildete sich um Carnap und Schlick eine Gruppe von Philosophen, Mathematikern und Geisteswissenschaftlern, die sich regelmäßig in Wien traf. Daher wird nicht nur vom Logischen Empirismus und vom Positivismus, sondern auch vom »Wiener Kreis« gesprochen. Der Wiener Kreis wurde von den Überlegungen Ernst Machs (1838–1916), Ludwig Wittgensteins (1889–1951) und Bertrand Russells (1872–1970) beeinflusst.

3.4.2 Induktive Schlussfolgerungen

Der logische Schluss, um von beobachteten Tatsachen zu einer allgemeinen Gesetzmäßigkeit zu kommen, ist die Induktion (von lat. »inducere«: »herbeiführen«). Induktive Schlüsse beruhen also auf der Annahme, dass

3.4 Logischer Empirismus

wir in der Zukunft die gleichen Beobachtungen machen werden wie in der Gegenwart. Hume bezeichnete das als »Prinzip der Gleichförmigkeit der Natur« (Hume 1739/2003, 97). Im Folgenden wird zunächst ein Fallbeispiel gegeben. Anschließend wird die Induktion anhand dieses Beispiels erläutert.

Fallbeispiel

In letzter Zeit kommen immer mehr Studierende mit Prüfungsangst zu Mika in die Sprechstunde. Theresa, eine Studentin im 6. Semester, sagt zu Mika: »Wenn es gar nicht mehr geht, dann rauche ich halt was.« Mika fragt nach und erfährt, dass Theresa in Prüfungsphasen häufiger mal einen Joint raucht, um sich zu beruhigen. Mika schaut in ihre Akten und stellt fest, dass in letzter Zeit gleich drei Studierende mit Prüfungsangst im Gespräch ebenfalls angedeutet haben, öfter mal Cannabis zu konsumieren. Aus dem Einzelfall von Theresa und weiteren Einzelfällen, die sie beobachtet hat, leitet Mika die Annahme ab, dass Prüfungsangst generell zu einem höheren Cannabiskonsum führt. Mika weiß aus ihrem Studium, dass Cannabis im Jugend- und jungen Erwachsenenalter Psychosen auslösen kann. Sie findet diese Beobachtungen daher sehr bedenklich. Ist Prüfungsangst ein Risikofaktor für Cannabiskonsum? Und was könnte sie dann ggf. präventiv tun, damit Studierende erst gar nicht zu dieser Art von Selbsthilfe greifen?

Induktion

Beobachtungen/Einzelaussagen
Eleni kommt zum Zeitpunkt 1 in die Beratung.
Sie hat Prüfungsangst und hat in der letzten Woche Cannabis geraucht.

Cedric kommt zum Zeitpunkt 2 in die Beratung.
Er hat Prüfungsangst und hat vor zwei Tagen Cannabis geraucht.

> Theresa kommt zum Zeitpunkt 3 in die Beratung.
> Sie hat Prüfungsangst und plant, in der Prüfungsphase Cannabis zu rauchen.
>
> ↓
>
> **Wissenschaftliches Gesetz/allgemeine Aussage**
> Alle Studierenden mit Prüfungsangst konsumieren Cannabis.

Im Logischen Empirismus findet sich neben dem Begriff der Induktion auch der Begriff der Verifikation. Eine Verifikation ist ein Nachweis, dass ein vermuteter Sachverhalt wahr ist. Im engeren Sinne ist mit Verifikation die Bestätigung einer Aussage durch Beobachtungen gemeint. Im Unterschied zu den britischen Empiristen geht der Logische Empirismus nicht von einer theoriefreien Beobachtung einzelner Fälle aus. Vielmehr nimmt er an, dass es aufgrund des Hintergrundwissens der Forschenden schon zu einer Hypothese gekommen ist, also zu einer bislang unbewiesenen Annahme einer Gesetzmäßigkeit. Diese Hypothese steuert dann die Auswahl der Beobachtungen. Anschließend wird geprüft, ob die Beobachtungen den induktiven Schluss auf die Hypothese zulassen.

Es gibt verschiedene Regeln, die eine möglichst hohe Plausibilität induktiver Schlüsse gewährleisten sollen. Für die sozialwissenschaftliche Forschung besonders relevant sind die Canons of Induction von John Stuart Mill (Mill 1873, 77 ff.). Drei dieser Canons, die Methode der Übereinstimmung, die Methode des Unterschieds und die Methode der begleitenden Veränderungen, werden im Folgenden vorgestellt.

Methode der Übereinstimmung

Wenn	mögliche Einflussfaktoren				zu folgendem Ergebnis führen
	A	B	C	D	X
	A	E	F	G	X
	A	H	I	J	X

dann ist »A« kausal mit »X« verknüpft.

3.4 Logischer Empirismus

Die *Methode der Übereinstimmung* nimmt einen kausalen Zusammenhang zwischen zwei Variablen an, wenn ein potentieller Einflussfaktor (A) und ein Ergebnis (X) regelmäßig miteinander auftreten, unabhängig davon, welche weiteren unterschiedlichen Variablen neben A noch vorliegen.

Fallbeispiel – Fortsetzung

Mika hat bis jetzt sieben Fälle von Prüfungsangst gehabt. Alle sieben Studierenden haben auch Cannabis konsumiert. Sie wendet die Methode der Übereinstimmung an, indem sie in ihren Unterlagen nachschaut, ob sich diese Studierenden hinsichtlich anderer Merkmale, nämlich ihres Geschlechts und ihres Studiengangs, unterscheiden. Tatsächlich findet sie den Zusammenhang sowohl bei männlichen als auch bei weiblichen Studierenden und sowohl bei Studierenden des Maschinenbaus als auch bei Studierenden der Betriebswirtschaft und der Sozialen Arbeit.

Generell weist die Methode der Übereinstimmung darauf hin, dass es in der sozialwissenschaftlichen Forschung sinnvoll ist, repräsentative Stichproben zu ziehen, um möglichst die ganze Heterogenität einer Zielgruppe abzubilden.

Die *Methode des Unterschieds* postuliert, dass sich Fälle, in denen das Ergebnis (X) eintritt, und Fälle, in denen es nicht eintritt (kein X) unterscheiden: Beim Eintreten von X hat zuvor auch ein potentieller Einflussfaktor (A) vorgelegen, beim Nicht-Eintreten von X jedoch nicht.

Methode des Unterschieds

Wenn	mögliche Einflussfaktoren			zu folgendem Ergebnis führen
A	B	C	D	X
	B	C	D	kein X

dann ist »A« kausal mit »X« verknüpft.

Fallbeispiel – Fortsetzung

Mika gibt von nun an allen Studierenden, die zu ihr in die Beratung kommen, einen kleinen Fragebogen, in dem u. a. nach Prüfungsangst und dem Konsum psychoaktiver Substanzen gefragt wird. Anschließend bildet sie zwei Gruppen mit und ohne Prüfungsangst und stellt fest, dass in der Gruppe mit Prüfungsangst mehr Studierende sind, die Cannabis rauchen als in der Gruppe ohne Prüfungsangst.

Die *Methode der begleitenden Veränderungen* besagt: Immer wenn eine Variable (X) in bestimmter Art und Weise variiert, wenn eine andere Variable (A) zeitgleich auch in bestimmter Art und Weise variiert, dann muss (A) entweder die Ursache oder die Wirkung der anderen Variablen (X) sein. In der Statistik wird ein solcher Zusammenhang zwischen A und X als »Korrelation« bezeichnet.

Methode der begleitenden Veränderungen

Wenn mögliche Einflussfaktoren				zu folgendem Ergebnis führen
A	B	C	D	X
2 A	B	C	D	2 X
3 A	B	C	D	3 X
4 A	B	C	D	4 X

dann ist »A« kausal mit »X« verknüpft.

Fallbeispiel – Fortsetzung

Mika achtet z. B. darauf, ob Studierende, die sehr starke Prüfungsangst äußern, häufigeren Cannabiskonsum angeben als Studierende, die weniger Prüfungsangst haben, und diese wiederum mehr rauchen als Studierende, die überhaupt nicht von Prüfungsangst sprechen. Sie stellt fest, dass Cannabis umso häufiger geraucht wird, je größer die Prüfungsangst ist. Es bleibt festzuhalten, dass sich für Mika nach Anwendung der Canons of Induction die Annahme bestätigt hat, dass Studierende mit Prüfungsangst dazu neigen, mehr Cannabis zu konsumieren.

Ergänzend zu diesen drei Canons of Induction, sei noch der »Induktionsschluss als statistisches Gesetz« erwähnt: Dieser Schluss besagt, dass von der Wahrscheinlichkeit des Auftretens einer bestimmten Eigenschaft in einer Stichprobe auf die Wahrscheinlichkeit des Auftretens dieser Eigenschaft in der Gesamtgruppe geschlossen werden kann. Der Induktionsschluss liegt den allermeisten sozialwissenschaftlichen Untersuchungen zugrunde, da es nur selten möglich ist, alle Mitglieder einer Gruppe, z. B. die ganze Bevölkerung, alle Studierenden etc. zu beobachten.

Generell ist die Aussagekraft von Induktionsschlüssen umso größer, je mehr Einzelfälle beobachtet werden können. Dennoch bleibt hier die Frage offen, wie viele Beobachtungen letztlich für eine aussagekräftige Schlussfolgerung notwendig sind. Auch kann mit diesen Methoden ein kausaler Zusammenhang nicht mit Sicherheit festgestellt werden, es sind eher plausible Annahmen. Bspw. könnte bei der Methode der begleitenden Veränderungen auch ein unbekannter dritter Faktor sowohl A als auch X verursachen.

3.4.3 Empirisch fundierte Aussagen

Im Logischen Empirismus spielen neben induktiven Methoden auch die sog. »Protokollsätze« eine zentrale Rolle. Ein Protokollsatz ist ein Satz, der den einfachsten erkennbaren Sachverhalt beschreibt. Er ist das Resultat von Beobachtungen und außerdem eindeutig formuliert. Seine Wahrheit (oder Falschheit) ist mit Gewissheit erkennbar und bedarf keiner weiteren Überprüfung. Ein Protokollsatz gilt im Logischen Empirismus als ein sinnvoller Satz. »Theresa raucht einen Joint« wäre z. B. ein Protokollsatz.

Die Auffassung, dass die Wahrheit von Protokollsätzen mit Gewissheit erkennbar ist, weist noch auf einen weiteren Punkt hin: Der Logische Empirismus ist der Ansicht, die Realität sei objektiv erkennbar. Der Logische Empirismus orientiert sich also nicht nur am Empirismus, sondern auch am Realismus als Erkenntnistheorie.

Der Logische Empirismus fordert nun, alle Aussagen sprachlogisch daraufhin zu untersuchen, ob sie auf Protokollsätze zurückzuführen sind. Nur solche Sätze akzeptiert er als wissenschaftlich. Somit müssen auch alle in einer Theorie verwendeten Aussagen und Begriffe vollständig auf beobachtbare Sachverhalte zurückzuführen sein. Das Ziel von Wissenschaft soll sein, ein System wahrer Sätze anzusammeln. Der Logische Empirismus vertritt somit auch die Idee eines kumulativen Wissenszuwachses in der Wissenschaft. Diskussionen über metaphysische Fragen (z. B. den freien Willen des Menschen) oder ethische Fragen (z. B. Gerechtigkeit) erachtet der Logische Empirismus dagegen als sinnlos. Ein Satz wie »Es gibt ein Leben nach dem Tod« ist aus seiner Sicht kein wissenschaftlicher Satz. Der Unterschied zu einem Protokollsatz liegt nicht darin, dass dieser Satz falsch wäre, sondern darin, dass er sich nicht überprüfen lässt.

Der Gedanke der Fundierung von Aussagen über Protokollsätze findet sich in der sozialwissenschaftlichen Forschung im Verfahren der sog. Operationalisierung wieder: Hierbei wird für abstrakte, theoretische Begriffe eine Entsprechung in Form beobachtbarer, messbarer Variablen gesucht. Zum Beispiel könnte das Schreiben einer Prüfung mit zitternden Händen als Indikator für das theoretische, nicht direkt beobachtbare Konstrukt »Prüfungsangst« dienen.

3.4.4 Systematische Beobachtungen in der Sozialen Arbeit

In der sozialwissenschaftlichen Forschung basieren quantitative Verfahren, mit deren Hilfe Hypothesen entwickelt werden, auf den Grundgedanken des Logischen Empirismus. Besonders aufschlussreich sind hier Längsschnittstudien, bei denen eine Gruppe von Kindern über einen langen Zeitraum wiederholt beobachtet wird. Späteres auffälliges Verhalten kann dann induktiv mit in der Kindheit vorliegenden Risiko- und Schutzfaktoren in Zusammenhang gebracht werden (z. B. Stemmler & Lösel 2010). Es entstehen Hypothesen über die Ursachen des Verhaltens. Dieses Wissen ist für die Prävention sehr wertvoll.

In der Praxis nutzen sozialpädagogische Fachkräfte ihre Erfahrungen und ziehen Schlussfolgerungen aus ihnen. Begegnen wir z. B. mehreren

Klient*innen mit dem gleichen Problem und haben mit der gleichen Intervention Erfolg, so schließen wir daraus, dass das auch zukünftig so sein wird. Hat ein*e Klient*in sich mehrmals in einer bestimmten Situation in bestimmter Weise verhalten, gehen wir davon aus, dass er*sie das auch in Zukunft tun wird. Die Canons of Induction zeigen auf, wie wir diese Schlussfolgerungen systematischer ziehen und damit auf eine verlässlichere Basis stellen können. Der Anspruch des Logischen Empirismus, mit Protokollsätzen zu arbeiten, führt außerdem in der Praxis dazu, theoretische Aussagen empirisch zu fundieren und Sachverhalte konkret zu benennen, statt sie nur allgemein zu formulieren.

Fallbeispiel – Fortsetzung

Mika hat durch ihre gezielten Beobachtungen festgestellt, dass die Annahme, Prüfungsangst führe zu höherem Cannabiskonsum, plausibel ist. Sie bietet daher jetzt regelmäßig einen Kurs »Gelassen und sicher in die Prüfung« an der Hochschule an, der sehr gut nachgefragt wird. In diesem Kurs macht sie einerseits auf die Gefahren des Cannabiskonsums im Hinblick auf die Auslösung von Psychosen aufmerksam, andererseits vermittelt sie aber auch alternative Strategien, um mit Prüfungsangst umzugehen. So erlernen die Studierenden z. B. kurze Entspannungsübungen in simulierten Prüfungssituationen.

3.4.5 Induktionsproblem und weitere Einwände

Bei der Induktion wird von einer begrenzten Zahl beobachteter Fälle ausgegangen, daraus wird aber eine verallgemeinernde Aussage über alle Fälle abgeleitet. Die Gesamtmenge aller Fälle liegt jedoch in der Regel nicht vor. Insofern könnte es durchaus eine Ausnahme von der Regel geben. Das ist das sog. Induktionsproblem, das bereits von Hume (1739/ 2003, 97) gesehen wurde. Sehr bekannt ist in der Wissenschaftstheorie das Beispiel mit den weißen Schwänen: Auch wenn ich noch so viele weiße Schwäne beobachtet habe, kann ich nicht davon ausgehen, dass alle Schwäne weiß sind. Bereits hinter dem nächsten Hügel könnte auf einem kleinen See ein schwarzer Schwan schwimmen. Trotz dieses nicht lösbaren

Grundproblems lässt sich festhalten, dass das Ziehen induktiver Schlüsse in den meisten Fällen zu plausiblen und oft auch eintreffenden Vorhersagen führt.

Bezüglich der empirischen Fundierung theoretischer Aussagen ist kritisch anzumerken, dass die daraus resultierenden Operationalisierungen in der angewandten sozialwissenschaftlichen Forschung oftmals angreifbar sind. Es wurde als Beispiel genannt, als Indikator von Prüfungsangst das Zittern der Hände heranzuziehen. Ein solches Zittern könnte aber z. B. auch auf eine Krankheit zurückzuführen sein. Umgekehrt sind viele andere Indikatoren für Prüfungsangst, z. B. ein Abbruch der Prüfung, denkbar.

Schließlich gibt es in der Sozialen Arbeit viele Themen, z. B. ethische Fragestellungen, die sich zwar nicht mit empirisch beobachtbaren Sachverhalten befassen, aber unverzichtbarer Bestandteil der Sozialen Arbeit sind. Der Logische Empirismus würde die Beschäftigung mit solchen Fragen als sinnlos ablehnen, da über die entsprechenden Fragen nicht anhand von Beobachtungen entschieden werden kann. Außerdem wird die Konzentration des Logischen Empirismus auf naturwissenschaftliche Methoden dem stark interdisziplinären Charakter der Sozialen Arbeit nicht gerecht.

> **Auf den Punkt gebracht**
>
>
>
> Der Logische Empirismus ist eine Weiterentwicklung des Empirismus. Die britischen Empiristen beschäftigten sich intensiv mit der Methode der Induktion, d. h. mit dem Weg von der Beobachtung bzw. Erfahrung zur Theorie. Darauf aufbauend vertrat der Logische Empirismus die Ansicht, dass nur empirisch fundierte Aussagen wissenschaftliche Aussagen seien und lehnte die Auseinandersetzung über metaphysische und ethische Themen als sinnlos ab. Auch wenn dieser Punkt aus Sicht der Sozialen Arbeit sicher nicht geteilt werden kann, sind die Forderungen des Logischen Empirismus nach der Konkretisierung theoretischer Konstrukte und nach dem logischen, systematischen Schlussfolgern berechtigt. Dabei ist jedoch zu berücksichtigen, dass induktive Schlussfolgerungen zwar plausibel und gut bestätigt sein können, Ausnahmen aber immer auftreten können.

Reflexionsfragen

- Wie können Sie damit umgehen, wenn im Zuge einer induktiven Schlussfolgerung eine Ausnahme unter den beobachteten Fällen auftritt?
- Wie viele Beobachtungen werden für einen guten induktiven Schluss benötigt und welche Faktoren sind hier vielleicht noch zu berücksichtigen? Stellen Sie eigene Überlegungen dazu an.
- Inwieweit teilen Sie die Auffassung der logischen Empiristen, dass es sinnlos ist, über Inhalte zu diskutieren, die nicht empirisch begründet werden können?
- Eine Mutter mit einem schreienden Kleinkind betritt die Straßenbahn. Eine alte Frau sagt zu ihrer Nachbarin, »Das ist die Erziehung von heute. Die Kinder haben heutzutage keinen Respekt mehr vor ihren Eltern.« Diskutieren Sie, ob das ein induktiver Schluss ist.

Weiterführende Literatur

Brühl, Rolf (2008): Begriffe und Variable in der betriebswirtschaftlichen Theorieentwicklung. Wirtschaftswissenschaftliches Studium, 37 (7), 363–368.

Chalmers, Alan F. (2007): Der Induktivismus. In: Alan F. Chalmers (Hrsg.): Wege der Wissenschaft. Einführung in die Wissenschaftstheorie (35–49). Berlin: Springer.

3.5 Kritischer Rationalismus

Überblick

Im Unterschied zum Logischen Empirismus geht der Kritische Rationalismus davon aus, dass Theorien nicht verifiziert, sondern nur falsifiziert werden können. Diese Kernidee wird zuerst dargestellt. Es folgt eine Beschreibung der Anforderungen an Theorien und Beobachtungen und der sich daraus ergebenden Konsequenzen für die sozialwissenschaftliche Forschung. Weiterhin wird aufgezeigt, warum sog. Ad-hoc-Modifikationen vermieden werden sollten. Schließlich werden einige Kritikpunkte benannt. Dabei wird insbesondere auf den Positivmusstreit eingegangen. Abschließend wird die Bedeutung des Ansatzes für die Soziale Arbeit reflektiert. Für die folgenden Ausführungen sei außerdem darauf hingewiesen, dass im Kritischen Rationalismus die beiden Begriffe »Theorie« und »Hypothese« synonym verwendet werden.

3.5.1 Falsifikation

Der Kritische Rationalismus wurde von Karl Popper (1902–1994) begründet. Popper entwickelte seinen Ansatz als Alternative zum Positivismus (▶ Kap. 3.4). Seinen Glauben an die induktiven Methoden verlor er u. a., als er sah, dass manche Theorien wie die Psychoanalyse ihre Hypothesen mit Tatsachen stützten, die sie der Vergangenheit der Klient*innen entnahmen. Auf diese Weise, so stellte er fest, könnten sich die Hypothesen jedoch niemals als falsch herausstellen.

Hier sah Popper einen grundlegenden Unterschied zu naturwissenschaftlichen Theorien wie der Allgemeinen Relativitätstheorie: Diese sagt vorher, dass sich Lichtstrahlen krümmen, wenn sie an massiven Gebilden wie der Sonne unmittelbar vorbeilaufen. Eddington konnte dies 1919 bei einer totalen Sonnenfinsternis in Afrika nachweisen, indem er die Ablenkung des Sternenlichts neben der Sonne beobachtet. Durch diese spezifische und überprüfbare Vorhersage setzte sich die Allgemeine Relativitätstheorie der Gefahr aus, widerlegt werden zu können. Das führte Popper zu seiner zentralen Aussage, dass wissenschaftliche Theorien falsifizierbar, d. h. widerlegbar sein müssen (vgl. Chalmers 2007, 51). Die Falsifizierbarkeit galt ihm als sog. Abgrenzungskriterium: Abgrenzungskriterien unterscheiden Wissenschaft von Pseudowissenschaft. Wissenschaft ist nach Poppers Auffassung deswegen Wissenschaft, weil sie ihre Theorien unter Verwendung wissenschaftlicher Methoden harten Überprüfungen unterzieht. Wird eine Theorie anhand von Beobachtungen widerlegt, d. h. falsifiziert, muss sie zurückgewiesen werden.

Annahmen sollten also einer kritisch-rationalen Prüfung unterzogen werden, wie auch aus folgendem Beispiel hervorgeht.

Fallbeispiel

Das Hochschulprojekt, in dem Mika zwei Jahre beschäftigt war, ist ausgelaufen. Um einen neuen Bereich der Sozialen Arbeit kennenzulernen, hat sie eine Stelle in einer Einrichtung für Jugendliche mit Beeinträchtigungen angenommen. Gleich in den ersten Tagen wird Mika Zeugin, wie Max, ein Junge, der nur lautieren kann, um sich schlägt, als ihn eine Kollegin auffordert, in sein Zimmer zu gehen. »Der schlägt halt so viel, weil wir ihn nicht verstehen! Aber das ist ja so, wenn Leute nicht reden können«, meint die Kollegin zu den Umstehenden, die zustimmend nicken. Aber abends im Bett muss Mika wieder an den Vorfall denken. Wenn das wirklich so wäre, dann könnte Max Verhalten vermutlich nicht verhindert werden. Wenn die Aussage aber falsch ist, dann gibt es vielleicht andere Gründe für sein Verhalten. Mika muss also die Hypothese, dass Jugendliche, die nicht sprechen können, in Kommunikationssituationen aggressiv reagieren, kritisch überprüfen, um professionell handeln zu können.

Im Logischen Empirismus wurde eine Hypothese dadurch verifiziert, dass immer mehr Beobachtungen gemacht werden, die zu ihr passen (▶ Kap. 3.4.2). Demgegenüber hat sich eine Hypothese aus Sicht des Kritischen Rationalismus immer nur vorläufig bewährt. Selbst wenn Mika die Hypothese, dass Jugendliche, die nicht sprechen können, in Kommunikationssituationen aggressiv reagieren, nicht widerlegen könnte, würde sie sie als Kritische Rationalistin trotzdem nicht für wahr halten. Sie würde davon ausgehen, dass weitere Überprüfungen diese Behauptung immer noch zu Fall bringen könnten. Der *Kritische* Rationalismus ist damit sozusagen gegenüber den eigenen Befunden kritisch.

Da also letztlich nur die geeignetsten Theorien den Nachprüfungen standhalten, lässt sich zwar nicht sagen, dass diese Theorien wahr sind, aber es lässt sich davon ausgehen, dass sie besser sind als die vorhergehenden

Annahmen. Der Kritische Rationalismus geht somit von einem kontinuierlichen Fortschritt in der Wissenschaft aus. Dieser Fortschritt basiert dabei auf einem Lernen durch Versuch und Irrtum. Weiterhin ist festzuhalten, dass der Kritische Rationalismus deduktiv statt induktiv vorgeht: Vom Allgemeinen wird deduktiv auf das Besondere geschlossen. Aufgrund einer Theorie werden Vorhersagen gemacht, die dann durch Beobachtungen überprüft werden. In der Praxis geschieht dies anhand empirischer Studien.

Fallbeispiel – Fortsetzung

Um ihre Hypothese zu überprüfen, wendet sich Mika an eine Hochschule für Angewandte Wissenschaften. In einem semesterbegleitenden Forschungsprojekt untersuchen Masterstudierende zwei Gruppen von Jugendlichen: Die Mitglieder der einen Gruppe können sprechen, die der anderen nicht. Hinsichtlich weiterer Merkmale (Alter, Geschlecht etc.) sind die beiden Gruppen jedoch vergleichbar. Anschließend werden alle Jugendlichen in eine Gesprächssituation gebracht. Ihr Verhalten wird beobachtet, dann werden die beiden Gruppen hinsichtlich der Häufigkeit ihres aggressiven Verhaltens verglichen. Es zeigt sich kein Unterschied zwischen den beiden Gruppen. Die Hypothese, dass Jugendliche, die nicht sprechen können, in Kommunikationssituationen aggressives Verhalten an den Tag legen, ist damit falsifiziert.

3.5.2 Widerlegbare Theorien und nachprüfbare Beobachtungen

Aus einer Theorie müssen sich Beobachtungen ableiten lassen, anhand derer sie überprüfbar ist. Sie muss also einen empirischen Bezug haben. Voraussetzung für ihre Überprüfbarkeit ist weiterhin, dass sie die Form von einem oder mehreren Allsätzen hat: Sie bezieht sich ohne eine Raum-Zeit-Begrenzung auf eine unendliche Menge von Beobachtungen. Nur dann kann beim Auftreten einer Ausnahme die Theorie fallengelassen werden. Die Hypothese, die in Mikas Projekt überprüft wird, lässt sich folgendermaßen als Allsatz formulieren: »Alle Jugendlichen, die nicht sprechen können, reagieren in Kommunikationssituationen aggressiv.«

Aus der Forderung nach der Falsifizierbarkeit einer Theorie ergibt sich auch, dass sie möglichst viele Fälle umfassen und möglichst genau sein sollte. Für eine Hypothese, die sich auf alle Jugendlichen mit Sprechstörungen bezieht, lassen sich potentiell mehr Ausnahmen finden als für eine Hypothese, die sich z. B. nur auf männliche Jugendliche beziehen würde. Von der genaueren Hypothese »Alle Jugendlichen, die nicht sprechen können, *schlagen* in Kommunikationssituationen *um sich*« lässt sich leichter ein abweichender Fall feststellen als von der weniger präzisen Hypothese »Alle Jugendlichen, die nicht sprechen können, sind in Kommunikationssituationen *aggressiv*«.

Ein weiterer Aspekt ist die Risikofreudigkeit der Theorie. Hier schätzte Popper an der Wissenschaft, dass sie von alten Überzeugungen befreit und stattdessen neue kühne Hypothesen liefert (vgl. Popper 1962, 102). Ist eine Hypothese sehr unwahrscheinlich, kann sie als »kühne Vermutung« bezeichnet werden. Erweist sie sich als falsch, wäre das kein großer Erkenntnisverlust. Hält sie dagegen einer Überprüfung stand, ist der Erkenntnisgewinn groß. Die Hypothese, die Alexander Fleming 1928 aufstellte, dass ein bestimmter Schimmelpilz Krankheitsbakterien abtöten könne, war eine kühne Vermutung, hatten doch seine Vorgänger die entsprechend verunreinigten Proben noch als Abfall entsorgt. Als sich seine Hypothese bewährte, und aus den Pilzen das Medikament Penicillin hergestellt werden konnte, war das ein großer Gewinn im Kampf gegen bakterielle Infektionen. Zum anderen kann die Überprüfung solcher Theorien besonders sinnvoll sein, die unhinterfragt als wahr angesehen werden.

Fallbeispiel – Fortsetzung

In Mikas neuem Arbeitsumfeld war es bislang eine unhinterfragte Annahme, dass Jugendliche, die nicht sprechen können deswegen aggressives Verhalten in Kommunikationssituationen zeigen. Das Forschungsprojekt, dass die Masterstudierenden auf Anregung Mikas durchgeführt haben, hat jedoch das Gegenteil ergeben und ist somit ein großer Erkenntnisgewinn für Mika und ihre Kolleg*innen.

Einzelne Beobachtungen werden im Kritischen Rationalismus auch »Basissätze« genannt. Basissätze sollten aus der Theorie abgeleitet sein. Der Wahrheitsgehalt eines Basissatzes ist – im Unterschied zu den Protokollsätzen des Logischen Empirismus (▶ Kap. 3.4.3) – nicht endgültig feststellbar, sondern durch intersubjektive Nachprüfbarkeit gegeben. Wenn Mika die Ergebnisse der Studie vorstellt, dann müssen andere genau nachvollziehen können, wie sie zustande gekommen sind. Beobachtungen müssen daher präzise formuliert sein. So forderte Popper: »Ganz analog muss jeder empirisch wissenschaftliche Satz durch Angabe der Versuchsanordnung u. dgl. in einer Form vorgelegt werden, dass jeder, der die Technik des betreffenden Gebiets beherrscht, imstande ist, ihn nachzuprüfen« (Popper 1935/2005, 57). Der Kritische Rationalismus hat somit wichtige Impulse dafür gegeben, dass in den sozialwissenschaftlichen Forschungsmethoden genaue Regeln für die Durchführung empirischer Studien (z. B. hinsichtlich von Stichprobenziehung und Kontrolle von Störeinflüssen) entwickelt wurden.

Aus den bisherigen Ausführungen wird auch die erkenntnistheoretische Position des Kritischen Rationalismus deutlich (▶ Kap. 2.1.4): Weil nach Auffassung des Kritischen Rationalismus erstens Beobachtungen so objektiv gemacht werden können, dass die Ergebnisse intersubjektiv überprüfbar sind, kann von seiner Verankerung im Realismus ausgegangen werden. Da zweitens zuerst die Theorie da ist und dann aus dieser Beobachtungen abgeleitet werden, kann der Ansatz außerdem dem Rationalismus zugeordnet werden.

3.5.3 Ablehnung von Ad-hoc-Modifikationen

Im Kritischen Rationalismus werden sog. »Ad-hoc-Modifikationen« als Merkmal von Pseudowissenschaften abgelehnt. Bei einer Ad-hoc-Modifikation wird eine falsifizierte Hypothese nicht fallengelassen, sondern in einer Weise eingeschränkt, dass sie an Falsifizierbarkeit verliert. Sie wird außerdem auf die gleiche Weise wie bisher überprüft. In Mikas Fall wäre eine Ad-hoc-Modifikation gegeben, wenn sie zwar keine Unterschiede zwischen sprechenden und nicht sprechenden Jugendlichen finden würde, aber argumentieren würde, die Hypothese gelte weiterhin, außer für Jugendliche in ihrer Einrichtung. Ihre neue Hypothese ist weniger falsifizierbar, weil sie weniger umfassend ist (▶ Kap. 3.5.2). Sie würde dann im Anschluss ihre Studie einfach noch einmal in einer anderen Einrichtung durchführen. Demgegenüber wäre die Hypothese »Jugendliche, die nicht sprechen können, reagieren nur dann aggressiv, wenn Erwachsene ihnen gegenüber Regeln durchsetzen wollen« keine Ad-hoc-Modifikation. Vielmehr wird hier als neues Element die Art der Kommunikationssituation berücksichtigt. Es könnte sein, dass aggressives Verhalten auch Ausdruck des Autonomiebestrebens von Jugendlichen ist und Jugendliche, die nicht sprechen können, nur in Situationen, in denen Erwachsene über sie verfügen wollen, aggressiv reagieren. Eine Folgestudie könnte dies berücksichtigen und z. B. die Art der kommunikativen Situation variieren. Dann würde das Verhalten von sprechenden und nicht-sprechenden Jugendlichen in Situationen, in denen sie von Erwachsenen aufgefordert werden, eine Regel zu befolgen, mit ihrem Verhalten in Situationen verglichen, in denen sie von den Erwachsenen nur eine Information erhalten.

3.5.4 Beständige Überprüfung von Annahmen in der Praxis

Theorien werden im Kritischen Rationalismus anhand von Beobachtungen überprüft und gelten nur so lange als bewährt, bis sie widerlegt wurden. In der sozialwissenschaftlichen Forschung entsprechen dem quantitative hypothesenprüfende Verfahren. Dies sind vor allem quasiexperimentelle Studien, bei denen eine Gruppe von Klient*innen ein Interventionsprogramm durchläuft und die Ergebnisse mit denjenigen einer Kontrollgruppe verglichen werden. Dem liegt die Hypothese zugrunde, dass das entsprechende Programm eine bestimmte positive Wirkung hat.

In der Praxis besteht eine kritisch rationale Vorgehensweise darin, im Sinne evidenzbasierter Sozialer Arbeit nur solche Methoden einzusetzen, deren Wirksamkeit theoretisch begründet und empirisch überprüft wurde (vgl. Löbmann 2017). Dabei gilt die Wirksamkeit einer Methode niemals als gesichert, sondern muss auch im Einzelfall immer wieder kontrolliert werden. Auch Annahmen, die lediglich auf wiederholten beruflichen Erfahrungen beruhen, müssen immer wieder kritisch hinterfragt werden. Wird eine solche Annahme oder Hypothese falsifiziert, muss nach Alternativerklärungen gesucht werden. So konnte durch Mikas Projekt die Annahme, Jugendliche, die nicht sprechen können, würden in Kommunikationssituationen aggressives Verhalten zeigen, falsifiziert werden. Mika stellt die Ergebnisse der Studie bei der nächsten Teambesprechung vor. Dies gibt neue Handlungsimpulse für die Praxis: Es entwickelt sich eine spannende Diskussion, bei der über die eigentlichen Ursachen des aggressiven Verhaltens der Jugendlichen reflektiert wird.

Schließlich ist festzuhalten, dass der Kritische Rationalismus das moderne Wissenschaftsverständnis ganz maßgeblich geprägt hat. Bis weit in die 1990er Jahre hinein reagierten viele Wissenschaften auf ihn mit Änderungen ihres Wissenschaftsverständnisses. Quantitativen Erhebungsmethoden und statistischen Verfahren wurde immer größerer Wert beigemessen (▶ Kap. 1.2). Mehrere Bezugswissenschaften der Sozialen Arbeit wie die Psychologie, die Soziologie und die Medizin verwenden u. a. Forschungsmethoden, die ihre Wurzeln im Kritischen Rationalismus haben. Mit ihren Ergebnissen liefern sie wichtige Erkenntnisse für die Praxis.

3.5.5 Positivismusstreit und weitere Kritikpunkte

Im sog. Positivismusstreit wurde dem Kritischen Rationalismus von Vertreter*innen der Kritischen Theorie sein objektiver, wertfreier Zugang vorgeworfen. Die Bezeichnung »Positivismusstreit« ist dabei etwas irreführend. Sie resultiert daraus, dass Popper von den Vertreter*innen der Kritischen Theorie als Repräsentant des Logischen Empirismus bzw. Positivismus angesehen wurde (▶ Kap. 3.4). Er selbst hat sich hingegen von den dort verwendeten induktiven Methoden stark abgegrenzt.

Während der Kritische Rationalismus Wertfreiheit der Wissenschaft im Sinne einer größtmöglichen Objektivität anstrebt, ist dies nach Auffassung der Kritischen Theorie nicht möglich und auch nicht wünschenswert. Empirische Ergebnisse müssen der Kritischen Theorie zufolge in ihren gesamtgesellschaftlichen Zusammenhang gestellt werden. Theorien müssten dahingehend reflektiert werden, inwieweit sie von Herrschaftsinteressen durchsetzt seien. Im Unterschied dazu wird im Kritischen Rationalismus die Frage nach der gesellschaftlichen Bedeutung von Forschungsergebnissen nicht gestellt. Allerdings wäre dem Karl Popper Unrecht getan, würde er als apolitisch bezeichnet. Er hat sich in seinem Werk »Die offene Gesellschaft« tiefschürfend mit der Tradition totalitären Denkens auseinandergesetzt und für die Demokratie, den offenen Diskurs und die Eigenverantwortung des Menschen plädiert (Popper 1945/1992).

Es gibt weitere Kritikpunkte von anderer Seite, von denen im Folgenden einige herausgegriffen werden: Dem Kritischen Rationalismus wird vorgeworfen, keine Aussage darüber zu machen, woher eine Hypothese eigentlich kommt (z. B. Bischof 2009, 28). Allerdings lässt sich in Poppers Hauptwerk »Logik der Forschung« nachlesen, dass es nicht sein Anspruch war, darzulegen, wie Hypothesen entdeckt werden, sondern nur, wie sie überprüft werden können: »Wir wollen scharf zwischen dem Zustandekommen des Einfalls und den Methoden und Ergebnissen seiner logischen Diskussion unterscheiden und daran festhalten, daß wir [...] lediglich die Methoden der systematischen Überprüfung« zu untersuchen haben (Popper 1935/2005, 7).

Weitere Kritikpunkte beziehen sich auf den Zusammenhang zwischen Theorie und Beobachtung: Generell kann nur über eine Theorie entschieden werden, wenn man der entsprechenden Beobachtung vertrauen kann. Eine Beobachtung kann jedoch fehlerbehaftet sein. Oder die Operationalisierung eines Konstrukts überzeugt nicht (▶ Kap. 3.4.3). Bspw. gab es in Mikas Projekt die Herausforderung, aggressives Verhalten zu operationalisieren. Aggressives Verhalten umfasst aber ein sehr breites Spektrum physischer und psychischer aggressiver Handlungen. Werden z. B. nur Schlagen und Treten erfasst, resultiert womöglich ein anderes Ergebnis, als wenn weitere aggressive Verhaltensweisen wie Schreien oder das Zerbrechen von Dingen einbezogen werden.

Auf den Punkt gebracht

Der Kritische Rationalismus postuliert, dass eine wissenschaftliche Theorie das Risiko eingehen muss, widerlegt werden zu können. Eine Theorie ist umso falsifizierbarer und damit besser, je umfassender und je genauer sie ist. Die Prüfung von Theorien bedeutet die konkrete Planung und Umsetzung empirischer Studien. Wird eine Theorie falsifiziert, muss sie fallengelassen werden. Dagegen sind Ad-hoc-Modifikationen der Theorie, die sie nur in ihrer Falsifizierbarkeit einschränken und keine neuen Überprüfungswege eröffnen, nicht zulässig.

Reflexionsfragen

- Popper befürwortete die Staatsform der Demokratie. Finden Sie heraus, wie er dies wissenschaftstheoretisch begründet hat.
- Warum wird im Kritischen Rationalismus von der Bewährung von Hypothesen und nicht von ihrer Bestätigung gesprochen?
- Wenn Sie sich im Positivismusstreit positionieren müssten, welche Seite würden Sie vertreten und warum?
- »Jede Erkenntnis gilt nur so lange, bis wir es besser wissen.« Suchen Sie ein Beispiel aus der Wissenschaftsgeschichte, das diesen wichtigen Kernsatz des Kritischen Rationalismus illustriert und beschreiben Sie, wie die ursprüngliche Annahme widerlegt wurde.

Weiterführende Literatur

Franco, Guiseppe (2020): Handbuch Karl Popper. Wiesbaden: VS Springer.
Popper, Karl (1935/2005): Logik der Forschung (11., durchg. u. erg. Aufl.). Tübingen: Mohr Siebeck.

4 Wissenschaftshistorische Ansätze

4.1 Paradigmentheorie

> ☞ **Überblick**
>
> Während der Kritische Rationalismus vorgibt, wie Wissenschaft idealerweise ablaufen soll (▶ Kap. 3.5), beschreibt die Paradigmentheorie, wie sie *tatsächlich* abläuft. Bahnbrechend für diese wissenschaftshistorische Perspektive war die Arbeit Thomas Kuhns (1922–1996). In seinem Hauptwerk »Die Struktur wissenschaftlicher Revolutionen« (1962/1976) beschreibt er, dass eine Wissenschaft von aufeinanderfolgenden Paradigmen geprägt wird. In diesem Kapitel wird daher zunächst der Begriff des Paradigmas erläutert. Anschließend werden die Entwicklungsphasen einer Wissenschaft aufgezeigt. Es folgt eine Beschreibung der Rezeption der Paradigmentheorie in den Sozialwissenschaften. Abschließend wird auf Kritikpunkte an diesem Ansatz eingegangen.

4.1.1 Paradigmen als unterschiedliche Sicht auf die Welt

Ein Paradigma ist eine Grundüberzeugung, der sich alle Mitglieder einer wissenschaftlichen Gemeinschaft verpflichtet fühlen. Unter einer wissenschaftlichen Gemeinschaft ist eine Gruppe von Forschenden mit gemeinsamen Forschungsinteressen zu verstehen. Zwischen den Mitgliedern gibt es einen intensiven fachlichen Austausch, z. B. bei Fachtagungen und über wissenschaftliche Publikationen.

4 Wissenschaftshistorische Ansätze

Ein Paradigma zeichnet sich durch ein einheitliches Theoriengebäude und eine bestimmte Fachterminologie aus. Die entsprechende wissenschaftliche Gemeinschaft stimmt hinsichtlich noch offener Probleme überein. Sie hat außerdem die Erwartung, dass sich die offenen Fragen mit den spezifischen Methoden des Paradigmas lösen lassen. Zukünftige Wissenschaftler*innen werden dabei bereits in der Ausbildung mit der entsprechenden Herangehensweise an Probleme vertraut gemacht. Sie eignen sich so eine bestimmte Haltung dahingehend an, was geeignete Methoden und lohnende Fragen sind.

Um den Begriff des Paradigmas zu veranschaulichen, werden im folgenden Fallbeispiel die Paradigmen unterschiedlicher wissenschaftlicher Disziplinen verglichen.

Fallbeispiel

Mika arbeitet weiterhin in der Einrichtung für Jugendliche mit Beeinträchtigungen. Alexandra ist 16 Jahre alt und hat eine Sehbehinderung. Sie lebt in einer Wohngruppe und besucht das schulische Förderzentrum der Einrichtung. Sie zieht sich sehr von den anderen zurück. Morgens hat sie oft Bauch- oder Kopfschmerzen und geht dann nicht zur Schule. Mika sucht nach einer Erklärung und setzt sich mit ihren Kolleg*innen Louis und Nicole zusammen.

Louis ist kognitiver Verhaltenstherapeut. Aus Sicht des kognitiv-behavioralen Paradigmas, so meint er, könne u. U. eine soziale Angst vorliegen. Dadurch dass Alexandra soziale Situationen vermeide, lasse ihre Angst davor nach, was dieses Vermeidungsverhalten jedoch aufrechterhalten würde. Irrationale Gedanken wie »die anderen lachen mich nur aus« wären bei sozialer Angst oft ebenfalls anzutreffen. Diese Gedanken seien aber in einer Psychotherapie gut zu bearbeiten, und es könne geübt werden, sich angstbesetzten Situationen auszusetzen.

Nicole hält als Ärztin regelmäßig eine offene Sprechstunde in der Einrichtung ab. Aus Sicht des medizinischen Paradigmas, weist sie darauf hin, dass zunächst Alexandras wiederkehrende Kopf- und Bauchschmerzen organisch abgeklärt werden sollten. Liege tatsächlich eine psychische Störung im Sinne sozialer Angst vor, könne auch eine Behandlung mit Antidepressiva hilfreich sein. Antidepressiva würden die gestörte Neurotransmitterbalance bei sozialer Angst positiv beeinflussen.

Mika ist als Sozialarbeiterin sozialisiert. Sie weist ihre Teammitglieder daher darauf hin, dass Alexandra durch ihr Leben in der Einrichtung von einigen gesellschaftlichen Bereichen ausgeschlossen ist. Am Förderzentrum kann bspw. kein höherer Bildungsabschluss erworben werden. Kontakt mit Jugendlichen außerhalb der Einrichtung gibt es kaum. Vielleicht sei Alexandra mit 16 Jahren in einem Alter, wo ihr diese Benachteiligungen allmählich bewusst würden. Sie sehe daher vielleicht keinen Sinn im Besuch des schulischen Förderzentrums. Es seien ihr daher Zukunftsperspektiven aufzuzeigen und ihre gesellschaftliche Teilhabe zu fördern.

Mika findet den Einbezug der unterschiedlichen Paradigmen der Fachdisziplinen sehr hilfreich. Sie hat den Eindruck, dass so nichts übersehen wird. Sie führt daher nicht nur eigene Gespräche mit Alexandra, sondern veranlasst auch ein psychotherapeutisches Sondierungsgespräch und eine ärztliche Untersuchung.

4.1.2 Von der Vor-Wissenschaft zur Normalwissenschaft

Bevor sich in einer wissenschaftlichen Fachdisziplin ein Paradigma herausbildet, befindet sie sich in der Phase der Vor-Wissenschaft. Hier erscheinen noch alle Tatsachen gleichermaßen relevant. Die Forschenden sind mit der Suche nach brauchbaren Methoden und Lösungswegen beschäftigt. Übertrieben gesagt, gibt es so viele Theorien wie Wissenschaftler*innen und jede*r ist bemüht, den eigenen Ansatz zu rechtfertigen.

Setzt sich ein Paradigma durch, ist die Phase der Normalwissenschaft erreicht. Im Rahmen des nun vorherrschenden Paradigmas werden Forschungsfragen tiefschürfend und mit großer Genauigkeit untersucht. Zum Beispiel hat sich die kognitive Verhaltenstherapie, zu deren wissenschaftlicher Gemeinschaft Mikas Kollege Louis gehört, detailliert mit der Entstehung und Veränderung irrationaler Gedanken befasst (z. B. Beck et al. 2017). Kuhn bezeichnete die Normalwissenschaft als »puzzle-solving«, d. h. als das Lösen von Rätseln (1976, 50 f.): Es sind eine Reihe offener

4 Wissenschaftshistorische Ansätze

Probleme vorgegeben, die Methoden, mit denen sie anzugehen sind, und zugleich die Sicherheit, dass diese Probleme mit diesen Methoden lösbar sein werden. Kann ein*e Wissenschaftler*in ein Problem nicht lösen, dann liegt das nach Auffassung der wissenschaftlichen Gemeinschaft an der betreffenden Person. Das Paradigma und seine Methoden werden hingegen nicht hinterfragt.

Nach Kuhn muss es eine solche Periode des Rätsel-Lösens geben, damit eine Disziplin als Wissenschaft gelten kann. Die Astronomie könne z. B., um ein Problem zu lösen, ihre Daten überprüfen, ihre Instrumentarien verfeinern etc. Die Astrologie würde sich dagegen mit solchen Fragen nicht befassen und sei daher eine Pseudowissenschaft (vgl. Kuhn 1979, 7 ff.).

4.1.3 Von der Normalwissenschaft zur Revolution

Es können Probleme auftreten, die sich im Rahmen eines vorherrschenden Paradigmas nicht lösen lassen. Widersetzen sich mehrere dieser Anomalien hartnäckig und über längere Zeit allen Auflösungsversuchen, kann dies zu einer Krise der Normalwissenschaft führen und zur Suche nach neuen Theorien, mit denen sich die Anomalien erklären lassen.

Zum einen kann es nun zu einer Anpassung des bestehenden Paradigmas kommen: Theorie und Empirie werden in bessere Übereinstimmung gebracht, neue Begriffskategorien werden entwickelt. Zum Beispiel befasste sich die Verhaltenstherapie ursprünglich nur mit dem äußerlich beobachtbaren Verhalten. Die kognitive Verhaltenstherapie, die Louis vertritt, berücksichtigt jedoch auch gedankliche Prozesse und somit die individuelle Verarbeitung von Situationen. Dies stellt eine bedeutende Erweiterung des Ansatzes dar (vgl. Batra 2012). Zum anderen kann es durch das Auftreten von Anomalien auch zu einer wissenschaftlichen Revolution kommen: Das alte Paradigma steht dann unter fundamentaler Kritik und wird schließlich von einem neuen Paradigma abgelöst. Das neue Paradigma muss mindestens einen Teil jener gravierenden Anomalien auflösen können, die das alte Paradigma in die Krise geführt haben. Durch die Revolution kommt es zu einem völligen Neuaufbau des betreffenden Fachgebiets mit neuen wissenschaftlichen Fragen und Methoden.

4.1 Paradigmentheorie

Das alte und das neue Paradigma sind dabei »inkommensurabel«: Das bedeutet, dass es keine gemeinsamen Standards gibt, anhand derer die beiden Paradigmen verglichen werden können. Es ist daher nicht sinnvoll darüber zu diskutieren, welches Paradigma besser ist. Während z. B. für Louis ein Erfolg darin läge, dass Alexandra wieder regelmäßig zur Schule geht, bestünde der Erfolg für Nicole darin, dass sie gut auf eine medikamentöse Behandlung anspricht und sich dadurch besser fühlt. Nach Kuhn »üben die Befürworter verschiedener Paradigmen ihre Tätigkeiten in verschiedenen Welten aus« (1962/1976, 161). Im Fallbeispiel werden die Paradigmen verschiedener Disziplinen verglichen. Bei einer Revolution im Sinne der Paradigmentheorie wechselt jedoch das Paradigma *innerhalb* einer Fachdisziplin. Ein Beispiel für einen solchen Wechsel innerhalb der Disziplin der Sozialen Arbeit könnte vielleicht der Wechsel vom Paradigma der Binarität zum Paradigma der Non-Binarität der Geschlechter sein: Jahrelang wurden Menschen sowohl in Beratung und Therapie als auch im öffentlichen Diskurs in die zwei Geschlechter Mann und Frau unterteilt. Wenn sich eine Person nicht dem zugewiesenen Geschlecht angehörig fühlte, wurden die Betroffenen darin bestärkt, geschlechtsangleichende Maßnahmen zu vollziehen. Erst durch vermehrt auftretende Fälle von Menschen, die sich weder dem männlichen noch dem weiblichen Geschlecht zuschreiben wollten, kam es zu einem Paradigmenwechsel, so dass heutzutage auch Non-Binarität als eine mögliche Form der Geschlechtsidentität gilt. Dies stellt durchaus eine neue Sicht auf die Welt dar, die eine andere Art von Problemlösung, nämlich die Akzeptanz eines dritten Geschlechts, bedingt.

Kuhn erwähnt, dass auch außerwissenschaftliche, nicht-rationale Faktoren über den Ausgang einer wissenschaftlichen Revolution mitentscheiden können. Einzelne Wissenschaftler*innen würden dabei auch von sozialen Faktoren beeinflusst, z. B. der Persönlichkeit der führenden Protagonist*innen (1962/1976, 163 f.). Kuhn wurde daher oft so verstanden, dass ein Paradigmenwechsel ein irrationaler Prozess sei. Tatsächlich war er aber der Überzeugung, dass am Ende des Entscheidungsprozesses der wissenschaftlichen Gemeinschaft der Vergleich der Problemlösungsfähigkeiten der Paradigmen den Ausschlag geben würde. Das neue Paradigma müsse zu einem Zuwachs der Problemlösungsfähigkeit in der betreffenden Disziplin führen (Hoyningen-Huene 1989, 251 f.).

Somit gibt es letztlich zwei Arten wissenschaftlichen Fortschritts. Zum einen findet innerhalb der Normalwissenschaft eine beständige Ausarbeitung und Verfeinerung des Paradigmas im Sinne eines kumulativen Fortschritts statt. Die zweite Art des Fortschritts ist der vergleichsweise abrupte Paradigmenwechsel im Zuge einer Revolution. Nach einem Paradigmenwechsel stabilisiert sich die Lage wieder, und es entsteht eine neue Phase der Normalwissenschaft, bis es erneut zu einer Krise und ggf. zu einer Revolution kommt (▶ Abb. 6).

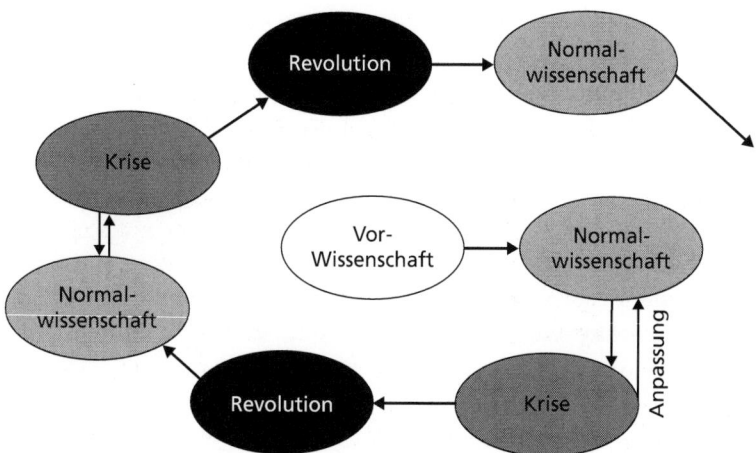

Abb. 6: Entwicklung einer Wissenschaft (eigene Darstellung)

Auf lange Sicht sieht Kuhn Fortschritt als eine evolutionäre quasi richtungslose Bewegung: Wissenschaft nähert sich seiner Auffassung nach nicht unbedingt der Wahrheit an, aber entwickelt sich evolutionär fort. Der Entwicklungsprozess »geht von primitiven Anfängen aus« (Kuhn 1962/1976, 182). Neuere Theorien unterscheiden sich dabei von älteren durch Merkmale wie größere Genauigkeit der Vorhersage, Grad der Spezialisierung und Anzahl der konkreten Problemlösungen.

Wie lässt sich die Paradigmentheorie auf Basis der obigen Ausführungen nun erkenntnistheoretisch einordnen? Einerseits ist durch den Einfluss außerwissenschaftlicher Faktoren auf die Entscheidung einzelner Wissenschaftler*innen ein subjektives Element gegeben. Andererseits erfolgt die

Neuausrichtung der gesamten Disziplin letztlich anhand objektiver Kriterien. Somit finden sich sowohl Aspekte des Idealismus als auch des Realismus in der Paradigmentheorie wieder. Hinsichtlich der Erkenntnisquelle ist der Ansatz dem Rationalismus zuzuordnen, weil wissenschaftlich tätige Personen durch ihr Paradigma geprägt werden und von dieser Metatheorie ausgehend wissenschaftliche Fragestellungen in Angriff nehmen (▶ Kap. 2.1.4).

4.1.4 Impulse für die Soziale Arbeit

Kuhn hat sich mit der Paradigmentheorie durchweg auf die Geschichte der Naturwissenschaften bezogen. Diese Wissenschaften galten ihm im Unterschied zu den Sozial- und Geisteswissenschaften als reife Wissenschaften, weil dort jeweils nur ein Paradigma vorherrsche. Dennoch löste sein Ansatz in den Sozialwissenschaften heftige Auseinandersetzungen über den wissenschaftlichen Status der jeweiligen Disziplin aus. Selbst Wissenschaften, die von mehreren konkurrierenden Ansätzen beherrscht wurden, konnten sich auf Kuhns Beschreibung der Vor-Wissenschaft berufen. Demnach wäre auch die Soziale Arbeit dem Stadium der Vor-Wissenschaft zuzuordnen, da hier zahlreiche Paradigmen ähnliche, sich deutlich unterscheidende Ansätze nebeneinander existieren (zum Überblick Engelke, Borrmann, Spatscheck 2018). Kriz und Kollegen wiesen allerdings bereits 1990 auf die Gefahr hin, dass der Begriff »Paradigma« heutzutage geradezu inflationär verwendet und auch instrumentalisiert werde, um die Bedeutung der eigenen Theorie herauszustellen (Kriz, Heidbrink & Lück 1990). Ihrer Ansicht nach sollten nur wirklich große Veränderungen in einer Disziplin als neue Paradigmen bezeichnet werden.

Die Paradigmentheorie regte auch eine neue Art der Forschung an, die sich damit beschäftigte, wie soziale und politische Faktoren wissenschaftliche Erklärungen beeinflussen. Mit diesen Fragen setzen sich insbesondere feministische und postkoloniale Wissenschaftler*innen auseinander. Bspw. wird bei der Analyse von Geschlechtsunterschieden immer noch gern auf die Rollenverteilung in der Steinzeit verwiesen, nach der die Männer Jäger waren, die Frauen hingegen Sammlerinnen und Nesthüterinnen. Die archäologische Geschlechterforschung konnte zeigen, dass auch Frauen an der Jagd beteiligt waren. So stammen Höhlenmalereien mit Jagdszenen oft von Frauen, was durch die daneben befindlichen Handumrisse belegt werden kann (*vgl.* Röder 2015). *Allerdings lehnte* Kuhn selbst die Vorstellung ab, dass außerwissenschaftliche Interessen und Machtverhältnisse die Interpretation wissenschaftlicher Befunde beeinflussen würden. Seiner Überzeugung nach sind die Faktoren, die den Ausgang einer wissenschaftlichen Debatte bestimmen, insbesondere in der modernen Wissenschaft, fast immer innerhalb der Wissenschaft zu finden.

In der Praxis der Sozialen Arbeit kann es, wie auch durch das Fallbeispiel aus Mikas beruflicher Tätigkeit gezeigt wurde, durch die Einsicht in die prägende Kraft von Paradigmen zu einer besseren interdisziplinären Zusammenarbeit kommen. Darüber hinaus könnten auch die Erklärungen der Klient*innen für ihre Situation als konkurrierende Paradigmen begriffen und ernst genommen werden.

4.1.5 Kritik an der Paradigmentheorie

Als erster Kritikpunkt lässt sich vorbringen, dass die Paradigmentheorie zwar eine gute Beschreibung von Wissenschaftsgeschichte ist, aber nicht – wie z. B. der Kritische Rationalismus – Wege wissenschaftlicher Erkenntnis vorgibt. Andererseits legt Kuhn auch die *Funktionen* von Normalwissenschaft und Revolution dar. So gesehen legt die Paradigmentheorie zwar einen Schwerpunkt auf die Deskription von Wissenschaft, enthält aber auch präskriptive Anteile.

Eine zweite Kritik bezieht sich darauf, dass tiefgreifende Veränderungen auch ohne Revolution stattfinden können. Eine neue Entdeckung im Rahmen der Normalwissenschaft kann ebenfalls unerwartete Einsichten liefern. Insbesondere in den Naturwissenschaften lassen sich hierfür Beispiele finden. So hatte die Entdeckung, dass die Struktur unserer DNA einer Doppelhelix, einer ›gedrehten Strickleiter‹, gleicht, enorme Konsequenzen für die Genforschung, ohne dass Anomalien aufgetreten wären oder ein Paradigmenwechsel stattgefunden hätte. In diesem Zusammenhang kann der Paradigmentheorie vorgeworfen werden, dass mitunter die Abgrenzung schwierig ist, wann eine Veränderung wirklich eine Revolution, wann aber eher eine Anpassung der Normalwissenschaft ist.

Weiterhin bedeutet ein Paradigmenwechsel in der Regel nicht, dass alle bisherigen Erkenntnisse verworfen werden. Manche Techniken und Instrumente überdauern den Wechsel und manche Ergebnisse haben immer noch Bestand: »Auch nach einem Paradigmenwechsel bleibt ein Rad ein Rad zum Rollen, [und] ein Mikroskop wird nicht zur Teetasse [...], nur unsere Deutungen ändern sich« (Kriz, Lück & Heidbrink 1990, 78).

Schließlich sind Paradigmen nicht in einer Weise inkommensurabel, dass keine Verständigung zwischen den Anhänger*innen verschiedener Paradigmen möglich wäre. So wie fremde Sprachen erlernbar sind, ist dies auch für unterschiedliche Theorien möglich. So kann Mika, um noch einmal auf das Fallbeispiel zurückzukommen, nachvollziehen, welche Erklärungen die Medizin und welche Erklärungen im Unterschied dazu die kognitive Verhaltenstherapie für soziale Angst hat.

Auf den Punkt gebracht

Die Entwicklung einer Wissenschaft kann als Abfolge von Paradigmen gesehen werden. Ein Paradigma umfasst Grundüberzeugungen der wissenschaftlichen Gemeinschaft hinsichtlich relevanter Fragen und Methoden der Forschung. Herrscht ein Paradigma unangefochten vor, befindet sich die Wissenschaft in der Phase der Normalwissenschaft und betreibt in die Tiefe gehende Detailforschung. Treten jedoch mehrere Anomalien über einen längeren Zeitraum auf, die sich nicht mit dem alten Paradigma erklären lassen, gerät die Normalwissenschaft in eine Krise. Diese Krise führt entweder zur Anpassung des herrschenden Paradigmas oder aber zu einem Paradigmenwechsel im Sinne einer wissenschaftlichen Revolution.

Reflexionsfragen

- Kuhn brachte erstmals eine soziale Komponente in die wissenschaftstheoretische Diskussion ein. Welche? Erläutern Sie!
- Im Zusammenhang mit der Normalwissenschaft führte Kuhn das Sprichwort »Das ist ein schlechter Zimmermann, der seinem Werkzeug die Schuld gibt?« an. Was könnte er damit gemeint haben?

4 Wissenschaftshistorische Ansätze

- Ist die Soziale Arbeit eher der Vor-Wissenschaft oder der Normalwissenschaft zuordnen? Begründen Sie Ihre Meinung!
- Nehmen Sie an, Sie sind als sozialpädagogische Fachkraft in der Schuldnerberatung tätig. Häufig haben Sie hier mit Menschen zu tun, die sich beim Glücksspiel hoch verschuldet haben. Recherchieren Sie, welche Paradigmen es zur Erklärung dieses Verhaltens gibt und überlegen Sie, was das für den Hilfeprozess bedeuten könnte.

Weiterführende Literatur

Hoyningen-Huene, Paul (1989): Die Wissenschaftsphilosophie Thomas S. Kuhns. Rekonstruktion und Grundlagenprobleme. Wiesbaden: Vieweg + Teubner.

Kuhn, Thomas S. (1962/1976): Die Struktur wissenschaftlicher Revolutionen (2., rev. u. um das Postskriptum von 1969 ergänzte Aufl.). Frankfurt/Main: Suhrkamp.

4.2 Methodologie der Forschungsprogramme

☞ Überblick

Die »Methodologie der Forschungsprogramme« wurde von dem ungarischen Wissenschaftstheoretiker Imre Lakatos (1922–1974) aufgestellt. In seinem wissenschaftshistorischen Ansatz versuchte er, die Widersprüche zwischen dem rationalen Vorgehen Poppers (▶ Kap. 3.5), und dem tatsächlichen Vorgehen in der Wissenschaft, wie es Kuhn beschrieben hatte (▶ Kap. 4.1), zu beseitigen. Lakatos bezeichnete seinen Ansatz daher auch als »Raffinierten Falsifikationismus«. Er stützte ihn auf detaillierte historische Analysen, insbesondere auf die Beschreibung des Wechsels vom geozentrischen zum heliozentrischen Weltbild. Seine wissenschaftstheoretischen Überlegungen legte er 1970 in der Schrift »Falsification and the Methodology of Scientific Research Programmes« dar (vgl. Lakatos 1982a). Forschungsprogramme sind zusammengehörige Reihen von Theorien. Im Folgenden wird zunächst erklärt, wie Forschungsprogramme aufgebaut sind und wie sie weiterentwickelt werden. Anschließend wird gezeigt, wie es zur Ablösung eines Forschungsprogramms kommen kann. Abschließend wird der Ansatz in seiner Relevanz für die Disziplin und Profession der Sozialen Arbeit diskutiert und kritisch bewertet.

4.2.1 Forschungsprogramme als Reihen von Theorien

Eine wissenschaftliche Theorie besteht laut Lakatos aus einem harten Kern und einem Schutzgürtel. Die Basis der Theorie, ihre zentralen Gesetze und Prinzipien, sind ihr harter Kern. Ihr Schutzgürtel besteht aus ergänzenden Annahmen und Methoden, die genaue Vorhersagen und empirische Beobachtungen erst ermöglichen. Zum Beispiel ist der harte Kern des heliozentrischen Weltbilds, dass Erde und Planeten um eine fest stehende Sonne kreisen. Zum Schutzgürtel zählen Annahmen zum genauen Verlauf der planetaren Umlaufbahnen und Methoden, mit denen die Planetenbewegungen beobachtet werden können.

Treten Anomalien auf, indem Vorhersagen nicht eintreffen, wird der Schutzgürtel, nicht jedoch der harte Kern der Theorie verändert: Es werden neue ergänzende Annahmen aufgestellt und bessere Methoden entwickelt, um die Daten sozusagen mit dem harten Kern zu versöhnen. Bspw. wurden astronomische Beobachtungen anfangs mit bloßem Auge gemacht und später durch teleskopische Daten ersetzt, um akkuratere Informationen zu erhalten. Im Unterschied zum Kritischen Rationalismus wird also davon ausgegangen, dass Theorien trotz Falsifikation weiterbestehen und in produktiver Weise angepasst werden können.

Eine Reihe von Theorien mit gleichbleibendem hartem Kern, aber Schritt für Schritt modifiziertem Schutzgürtel wird als »Forschungsprogramm« bezeichnet. Hierin unterscheidet sich der Ansatz ebenfalls vom Kritischen Rationalismus, der nur einzelne Theorien und keine Theorienreihen betrachtet:

> »Das heißt, dass jede wissenschaftliche Theorie zusammen mit ihren Hilfshypothesen, Anfangsbedingungen etc. und insbesondere mit ihren Vorgängern be-

urteilt werden muss, damit wir sehen, welche Art von ›Veränderung‹ sie hervorgebracht hat. Aber dann beurteilen wir natürlich eine ›Reihe von Theorien‹ und nicht isolierte ›Theorien«« (Lakatos 1978/1982a, 32).

Vorschläge oder Hinweise, wie Theorien weiterentwickelt werden sollen, werden als Heuristiken *(»*heurískein« griech. für »entdecken«) bezeichnet. Es werden negative und positive Heuristiken unterschieden. Zur negativen Heuristik zählt, dass der harte Kern einer Theorie nicht modifiziert wird. Auf diese Weise wird innerhalb eines Forschungsprogrammes die Kontinuität gewahrt. Auch sollen keine Ad-hoc-Modifikationen vorgenommen werden (▶ Kap. 3.5.3), sondern mit der Modifikation des Schutzgürtels immer neuartige Überprüfungen der Theorie möglich werden.

Unter positiven Heuristiken sind Suchrichtungen zu verstehen, wie der Schutzgürtel modifiziert und raffinierter gestaltet werden kann. Zum Beispiel wäre eine positive Heuristik des heliozentrischen Weltbildes gewesen: Entwickele einen Apparat, mit dem sich die Bewegungen der Planeten besser beobachten lassen. Positive und negative Heuristiken schließen sich dabei nicht aus, sondern können gleichzeitig angewendet werden.

Das folgende Fallbeispiel aus der Sozialen Arbeit bezieht sich nicht auf eine wissenschaftliche Theorie, sondern auf ein Einrichtungskonzept. Ob diese Analogie zulässig ist, wird in Kapitel 4.2.4 näher beleuchtet. Die geschilderten Grundaussagen der Methodologie der Forschungsprogramme werden an diesem Beispiel jedoch gut deutlich.

Fallbeispiel

Mika ist zu ihrem Freund in eine andere Stadt gezogen und arbeitet jetzt in einer Einrichtung, die mit ihrem Konzept dem sog. Drehtüreffekt bei psychisch kranken wohnungslosen Menschen entgegenwirken will: Diese werden immer wieder in psychiatrische Kliniken eingewiesen, weil nach ihrer Entlassung in der Regel die Wohnungslosigkeit bestehen bleibt. Dieser Stressfaktor kann die psychische Problematik erneut verschlimmern und zu einer Wiedereinweisung führen (›Drehtür‹).

Die zentrale Idee des Einrichtungskonzepts und somit im übertragenden Sinne sein harter Kern sind ein niedrigschwelliger Zugang und eine Spezialisierung der nachfolgenden Abteilungen: In der Einrichtung werden alle Klient*innen zunächst niederschwellig, ohne vorherige Kostenklärung und ohne strenge Kriterien in Abteilung A aufgenommen. Nach Feststellung ihrer Bedarfe werden sie gezielt in Abteilung B oder C vermittelt. Abteilung B nimmt Menschen mit chronifizierten psychischen Belastungen auf und betreut sie dauerhaft und engmaschig mit alltagsstrukturierenden Maßnahmen, sozialen Kompetenztrainings etc. In Abteilung C werden Menschen vermittelt, die weitgehend selbstständig leben können. Sie werden u. a. bei der Wohnungssuche begleitet und an weiterführende psychotherapeutische Hilfen angebunden. Aus diesem Konzept ableitbare Vorhersagen sind, dass die Klient*innen eine individuell angepasste Hilfe erhalten, dass sie sich in der Einrichtung stabilisieren und dass der Drehtüreffekt vermieden wird.

Der Schutzgürtel des Konzepts ist die genaue Ausgestaltung der Rahmenbedingungen: wie viele Plätze in den einzelnen Abteilungen zur Verfügung stehen, wie lange die Personen in Abteilung A verweilen und wie die Betreuung organisiert wird.

Nach einiger Zeit wird festgestellt, dass relativ viele Personen aus Abteilung C sozusagen in Abteilung B ›zurückgestuft‹ werden. Dies löst nicht nur bei den Klient*innen, sondern auch bei den Mitarbeitenden Frustration aus. Wie kann das Konzept der Einrichtung angepasst werden?

Im Sinne einer negativen Heuristik sollte der harte Kern des Konzepts, der niedrigschwellige Zugang und die Spezialisierung der nachfolgenden Abteilungen, auf jeden Fall beibehalten werden. Eine positive Heuristik würde sich auf die Modifikation des Schutzgürtels beziehen und könnte z. B. sein: Ändere das Konzept so ab, dass eine bessere Zuteilung zu den spezialisierten Abteilungen möglich wird. Entsprechend wird im Team beschlossen, das Konzept anzupassen, indem hilfesuchenden Personen Casemanager*innen zur Seite gestellt werden, so dass sie eine noch stärker individuell abgestimmte Hilfe erhalten. Nach einiger Zeit nimmt die Zahl der Falschzuweisungen tatsächlich deutlich ab. Das Team geht wieder viel motivierter an die Arbeit.

4.2.2 Progressive und degenerative Forschungsprogramme

Es gibt progressive und degenerative Forschungsprogramme. Wie Abbildung 7 veranschaulicht, leistet bei einem progressiven Forschungsprogramm die neue Theorie 2 das, was auch die alte Theorie 1 geleistet hat (V_1 und V_2) und macht zusätzlich neue Vorhersagen (V_4 und V_5), von denen sich mindestens eine dann auch empirisch stützen lässt (V_4) (▶ Abb. 7). In Mikas Einrichtung kann z. B. geprüft werden, ob die Voraussage eintrifft, dass durch die Einführung von Casemanagement eine passgenauere Zuteilung zu den Abteilungen möglich wird. Diese Prognose war in dem ursprünglichen Konzept nicht enthalten und lässt sich empirisch an einem Rückgang der Zahlen der Wechsler*innen von Abteilung C nach Abteilung B zeigen.

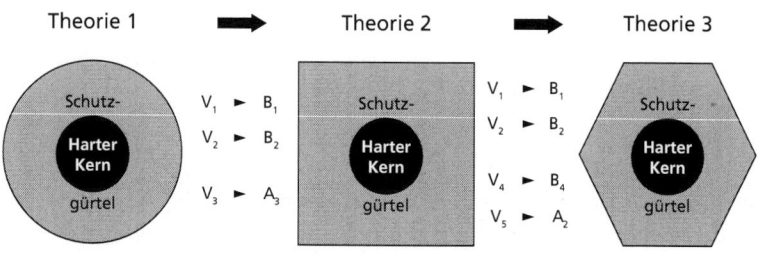

V = Voraussage   B = Beobachtung   A = Anomalie

Abb. 7: Progressives Forschungsprogramm (eigene Darstellung)

Die Degeneration eines Forschungsprogrammes tritt ein, wenn innerhalb einer Theorienreihe über einen längeren Zeitraum keine neuen Vorhersagen mehr gemacht werden. Oder das Programm ist degenerativ, wenn es zwar neue Voraussagen macht, diese jedoch alle falsifiziert werden. Für Lakatos war der Marxismus ein Beispiel für ein degeneratives Forschungsprogramm, da dessen Vorhersagen allesamt nicht eingetroffen seien:

»Hat etwa der Marxismus jemals eine erstaunliche neue Tatsache vorhergesagt? Nein! Er hat einige berühmte falsche Voraussagen gemacht: […] dass die erste sozialistische Revolution in der industriell am weitesten entwickelten Gesellschaft stattfinden würde; dass in den sozialistischen Gesellschaften keine Revolutionen vorkommen würden [...], doch sie versagten« (Lakatos 1978/1982b, 5).

4.2.3 Wechsel von Forschungsprogrammen

Wissenschaftlicher Fortschritt geschieht zum einen, indem eine Theorie angepasst wird. Zum anderen kann ein Wechsel des gesamten Forschungsprogramms eintreten, wenn es trotz anhaltender Bemühungen nicht weiterentwickelt werden kann und wenn ein alternatives Programm mit größerem Erklärungspotential vorliegt. Dieser Wechsel geschieht nicht abrupt, auch entscheidet kein einzelner Befund darüber, sondern es stellt sich sozusagen über einen längeren Zeitraum heraus, dass ein Programm degenerativ ist.

Das alternative Forschungsprogramm kann dann die bestehenden Anomalien erklären und macht neue Voraussagen, die sich zumindest teilweise empirisch bewähren. Es ist also eindeutig fruchtbarer und kann die zukünftige Forschung auf einem Gebiet leiten. Hier sind deutliche Parallelen zur Paradigmentheorie zu sehen, in der ebenfalls zwei Arten von Fortschritt existieren: die in die Tiefe gehende Detailforschung in der Normalwissenschaft und der Paradigmenwechsel (▶ Kap. 4.1). Der Wechsel vom geozentrischen zum heliozentrischen Weltbild stellte für Lakatos den Wechsel eines Forschungsprogramms dar. In Mikas beruflicher Praxis würde einem solchen Wechsel ein gänzlich neues Einrichtungskonzept entsprechen, z. B. die Einrichtung einer Spezialabteilung für wohnungslose Menschen in einer psychiatrischen Klinik.

Allerdings zeigt die Wissenschaftsgeschichte Lakatos zufolge aber auch, dass ein Comeback eines degenerativen Forschungsprogramms möglich ist. Es werden dann doch noch Änderungen des Schutzgürtels gefunden, die neue Voraussagen erlauben. Somit kann ein Forschungsprogramm zu einem bestimmten Zeitpunkt erfolgreich sein, zu einem anderen Zeitpunkt weniger erfolgreich, es kann auch ein Comeback feiern und wieder zu einer prägenden wissenschaftlichen Metatheorie werden. Dies lässt sich nur auf lange Sicht – also aus historischer Perspektive – sagen. Daher ist die Bewertung einer einzelnen Theorie zu einem bestimmten Zeitpunkt nicht sinnvoll. Auch lassen sich aus Lakatos' Ansatz keine genauen Normen oder

Empfehlungen für einzelne Wissenschaftler*innen ableiten, wann ein Forschungsprogramm aufzugeben ist. Allerdings war es auch nicht sein Anspruch, Empfehlungen zu geben, sondern wissenschaftshistorische Abläufe zu beschreiben.

Subjektive Faktoren spielen beim Wechsel eines Forschungsprogramms im Gegensatz zu Kuhns Paradigmentheorie keine Rolle. Daher ist die Methodologie der Forschungsprogramme erkenntnistheoretisch dem Realismus zuzuordnen. Da der Fokus außerdem eindeutig auf Theorien liegt, die miteinander konkurrieren, ist außerdem eine Nähe zum Rationalismus festzustellen, der die Hauptquelle der Erkenntnis ebenfalls in theoretischen Überlegungen sieht (▶ Kap. 2.1).

4.2.4 Geringer oder hoher Erklärungswert für die Soziale Arbeit?

Zur Disziplin Soziale Arbeit scheint die Methodologie der Forschungsprogramme nicht ganz zu passen: Zwar lassen sich mit den Theorien der Sozialen Arbeit miteinander konkurrierende Metatheorien unterscheiden (vgl. Engelke et al. 2018). Aber keine dieser Metatheorien ist dominant und eindeutig theoretisch oder empirisch besser als eine andere. Auch sind kaum Theorienreihen auszumachen, bei der verschiedene Varianten einer bestimmten Theorie mit kleinen Modifikationen direkt aufeinander aufbauen. Daher lässt sich auch nicht aus historischer Perspektive bestimmen, welcher Teil dieser Theorie erhalten bleibt, also ihren harten Kern bildet. Ein weiterer Unterschied ist, dass Theorien Sozialer Arbeit aktuellen gesellschaftlichen Einflüssen unterliegen, wohingegen bei naturwissenschaftlichen Theorien, auf die Lakatos seinen Ansatz im Wesentlichen bezieht, von gleichbleibenden Umweltbedingungen auszugehen ist.

Dennoch ist der Grundgedanke der Methodologie der Forschungsprogramme, dass Theorien angepasst und modelliert werden können, ein fruchtbarer Ansatz für die Praxis: Hier können u. U. größer angelegte Konzepte oder Programme als Theorienreihen begriffen werden. So enthalten Konzepte sozialer Einrichtungen z. B. zentrale Grundüberzeugungen, die als harter Kern bezeichnet werden können, etwa ethische Grundhaltungen, die in der entsprechenden Einrichtung vertreten werden. Weitere konkretere Ausgestaltungen könnten als Schutzgürtel angesehen werden. Überarbeitungen des Konzepts, um es besser an die Praxis anzupassen, wären dann mit einer Modifikation des Schutzgürtels zu vergleichen. Auch umfassende Hilfepläne könnten in dieser Weise betrachtet werden. Hier könnte es ebenfalls zentrale Ziele geben, an denen festgehalten wird. Ergänzende Ziele und Methoden der Zielerreichung könnten den Schutzgürtel darstellen. Dieser Schutzgürtel würde eine schrittweise Anpassung des Hilfeplans ermöglichen, ohne dabei jedoch die zentralen Ziele aufzugeben.

Das Wissen darum, dass entsprechende Anpassungen u. U. ein längerer Prozess sein können, dass Modifikationen eher die Regel als die Ausnahme sind, kann erleichtern und motivieren und sogar als Vorteil begriffen werden. So schrieb Lakatos: »Blinde Überzeugtheit von einer Theorie ist keine geistige Tugend, sondern ein geistiges Vergehen« (Lakatos 1982b, 1).

4.2.5 Reflexion der Vor- und Nachteile des Ansatzes

Nach Lakatos können mehrere Forschungsprogramme parallel nebeneinander existieren. Ein Programm ist zwar dominant, aber seine Konkurrenten können als Minderheiten fortbestehen. Dies steht im Gegensatz zu Kuhns Vorstellung, dass eine Wissenschaft jeweils von einem einzigen Paradigma beherrscht wird (▶ Kap. 4.1). Insofern entspricht Lakatos Ansatz vermutlich eher der Realität.

Ein weiterer Vorteil könnte die Erkenntnis sein, dass sich Theorien in der Regel nicht von Anfang an hundertprozentig bewähren, sondern Nachbesserungen notwendig sind. Die öffentliche Kommunikation dieser Einsicht könnte die Glaubwürdigkeit von Wissenschaft in der Gesellschaft fördern. Korrekturen und Berichtigungen würden nicht als Fehler, sondern als normaler wissenschaftlicher Prozess angesehen.

Der Ansatz lässt aber auch Fragen offen: Die Festlegung, was der harte Kern einer Theorie ist, wird selten explizit festgeschrieben und vereinbart. Tasten Wissenschaftler*innen also den harten Kern bewusst nicht an oder modifizieren sie alle Bestandteile einer Theorie einfach so lange, bis sie passt? Dann wäre der harte Kern allenfalls retrospektiv als das zu bestimmen, was de facto nicht verändert wurde. Zu einem bestimmten Zeitpunkt ließe sich hingegen nicht sagen, was eigentlich zum harten Kern und was zum Schutzgürtel zählt.

Wird der Ansatz von Lakatos entgegen seines rein beschreibenden wissenschaftshistorischen Anspruchs doch als Handlungsanweisung aufgefasst, dann ließe sich sagen, dass er vor dem vorschnellen Fallenlassen von Theorien bewahrt. Andererseits wäre das Festhalten an Theorien auch kritisch zu sehen, da nie mit letzter Sicherheit zu entscheiden ist, ob eine Theorie fehlerhaft ist oder bei ihrer Überprüfung Fehler gemacht wurden. Widersprechende Ergebnisse könnten immer Störquellen in der Empirie zugeschrieben werden.

Ein weiterer Vorteil der Orientierung an der Methodologie der Forschungsprogramme als Handlungsanweisung wäre hingegen, dass Wissenschaftler*innen Maßstäbe hätten, um zu beurteilen, ob ein Forschungsvorhaben im Sande verläuft oder noch progressiv ist. Sie könnten sich dazu Rechenschaft darüber ablegen, inwiefern ihre Modifikationen des Schutzgürtels noch zu neuartigen Voraussagen führen.

> **Auf den Punkt gebracht**
>
>
>
> Wissenschaftstheorie sollte statt einzelner Theorien Forschungsprogramme betrachten. Dies sind Reihen von Theorien, die durch erfolgreiche Modifikationen einer Anfangstheorie entstehen. Diese Modifikationen werden durch Heuristiken geleitet: Die negative Heuristik besteht darin, den harten Kern der Theorie, d.h. ihre zentralen Annahmen, beizubehalten. Positive Heuristiken sind Strategien, um den Schutzgürtel der Theorie, d.h. ergänzende Annahmen und Methoden, zu modifizieren. Wenn die Theorien, die einander innerhalb eines Forschungsprogramms ablösen, jeweils etwas Neues vorhersagen können, ist das Forschungsprogramm progressiv. Kann es dies nicht mehr leisten, ist es degenerativ. Gibt es außerdem ein alternatives progressives Programm, kommt es zu einem Wechsel des Forschungsprogramms.

4.2 Methodologie der Forschungsprogramme

Reflexionsfragen

- Inwiefern würden Sie folgender Aussage zustimmen: »Wissenschaftshistorisch gesehen gibt es keinen Grund, progressive vor degenerativen Forschungsprogrammen zu bevorzugen.«
- Wo sehen Sie den größten Gewinn der Methodologie der Forschungsprogramme und wo die größte Schwäche dieses Ansatzes. Erläutern Sie!
- Wenden Sie die Idee vom harten Kern und vom Schutzgürtel einer Theorie auf eine Ihnen bekannte Theorie der Sozialen Arbeit an.
- Eine Sozialarbeiterin hat Piktogramme entwickelt für Erstgespräche mit ausländischen Inhaftierten in der Untersuchungshaft, mit denen sie sich sonst ohne Dolmetscher*in nicht verständigen kann. Diese nonverbale Möglichkeit der Kommunikation soll Interesse am Gegenüber signalisieren und ein möglicherweise vorhandenes Gefühl der Benachteiligung gegenüber deutschsprechenden Mitgefangenen reduzieren. Erläutern Sie die Methodologie der Forschungsprogramme anhand dieses Beispiels.

Weiterführende Literatur

Chalmers, Alan F. (2007): Theorien als Strukturen II: Forschungsprogramme In: Alan F. Chalmers (Hrsg.): Wege der Wissenschaft. Einführung in die Wissenschaftstheorie (107–120). Berlin: Springer.
Lakatos, Imre (1978/1982a): Falsifikation und die Methodologie wissenschaftlicher Forschungsprogramme. In: Imre Lakatos (Hrsg.): Die Methodologie der wissenschaftlichen Forschungsprogramme (Philosophische Schriften, Bd. 1, hrsg. von John Worral, Gregory Currie) (7–107). Wiesbaden: Springer.

4.3 Anarchistische Wissenschaftstheorie

☞ **Überblick**

Keine Wissenschaftstheorie spiegelt das reale wissenschaftliche Vorgehen wider – so der österreichische Philosoph Paul Feyerabend (1924–1994). In »Against Method: Outline of an Anarchistic Theory of Knowledge« (1975) zeigte er anhand historischer Beispiele, dass allgemeinbindende Regeln in der Praxis oft nicht eingehalten wurden und gerade deswegen zu bedeutenden wissenschaftlichen Fortschritten geführt haben. Im Folgenden wird daher zunächst auf ein historisches Beispiel eingegangen. Anschließend werden Feyerabends wichtigste Kritikpunkte an der gegenwärtigen Wissenschaft aufgezeigt. Es folgt eine Darstellung der Postulate seiner Anarchistischen Wissenschaftstheorie. Dann wird die Bedeutung dieses Ansatzes für die Soziale Arbeit erörtert. Abschließend werden kritische Einwände gegen die Anarchistische Wissenschaftstheorie angeführt.

4.3.1 Erfolgreiche Missachtung wissenschaftlicher Regeln

Es gibt Fälle, in denen es sich lohnt, sich nicht an wissenschaftliche Verfahrensweisen zu halten. Feyerabend führt hierfür zahlreiche historische Beispiele an, z. B. die Forschung zur Hexenverfolgung in den Geschichtswissenschaften oder die Forschung zur Quantenmechanik in der Physik. Sein wichtigstes Beispiel aber ist die kopernikanische Revolution: Anfangs konnte das geozentrische Weltbild das Geschehen am Himmel ebenso gut erklären wie das heliozentrische Weltbild. Durch Himmelsbeobachtungen ließ sich also nicht entscheiden, ob die Erde oder die Sonne im Zentrum stand. Jedoch machte das heliozentrische Weltbild die Zusatzannahme der Rotation der Erde um ihre eigene Achse, um den Wechsel von Tag und Nacht zu erklären. Allerdings zeigten empirische Beobachtungen anscheinend das Gegenteil: Wurde bspw. ein Stein von einem Turm fallengelassen, schlug er am Fuß des Turmes auf. Die Erde könne sich daher nicht

4.3 Anarchistische Wissenschaftstheorie

um ihre eigene Achse drehen, da sonst der Stein in einer gewissen Entfernung aufkommen müsse, so das Argument laut geozentrischem Weltbild. Ein weiteres Argument war, dass Objekte von der Erdoberfläche geschleudert werden müssten, wenn sich die Erde drehen würde. Denn auch Steine würden von einem drehenden Rad fallen.

Mit dem heliozentrischen Weltbild stellte Kopernikus (1473–1543) eine Alternativtheorie zu der seinerzeit gut bestätigten Annahme des geozentrischen Weltbildes auf. Dies widerspricht der Vorgehensweise des Logischen Empirismus, nach der zuerst empirische Beobachtungen gesammelt und anschließend zu einer Theorie verallgemeinert werden (▶ Kap. 3.4). Wäre Kopernikus dagegen kritisch rational vorgegangen, hätte er seine Theorie aufgrund widersprechender Beobachtungen wie dem Turmargument (s. o.) fallenlassen müssen (▶ Kap. 3.5). Nach der Paradigmentheorie (▶ Kap. 4.1) hätte sich das geozentrische Weltbild in einer Krise befinden müssen (vgl. Feyerabend 1986, 235f.). Zur Methodologie der Forschungsprogramme sieht Feyerabend Parallelen, bezweifelt aber, dass Wissenschaftler*innen letztlich so rational handeln, wie dort postuliert (▶ Kap. 4.2). Vielmehr seien sie auch von sozialen und ökonomischen Faktoren abhängig (vgl. ebd., 259).

Auch Galileo Galilei (1564–1642) hielt in der Nachfolge des Kopernikus am heliozentrischen Weltbild fest. Es lässt sich nach Feyerabends Ansicht historisch belegen, dass Galilei dabei nicht nur mit rationalen Methoden gearbeitet hat, denn er habe andere Wissenschaftler*innen und die Öffentlichkeit von seinen Thesen überzeugen wollen: Die kopernikanische Theorie sagte voraus, dass im Abstand von mehreren Monaten deutlich verschiedene Größen von Mars und Venus beobachtet werden können. Diese Vorhersage ließ sich aber durch Betrachtung mit dem bloßen Auge nicht belegen. Galilei behauptete, sie mit teleskopischen Daten bestätigen zu können. Dabei konnte er aber nicht, wie bei Beobachtungen auf der Erde, Realität und optische Verzerrung voneinander trennen, weil kein Abgleich mit dem tatsächlichen Aussehen der Himmelskörper möglich war. So gesehen arbeitete Galilei mit »Propaganda« und »psychologischen Tricks«, wie es Feyerabend bezeichnete (1985, 105).

Dies bewertet Feyerabend aber nicht negativ. Seiner Ansicht nach gibt es Situationen in den Wissenschaften, in denen nicht nur rational argumentiert werden sollte. Das heliozentrische Weltbild war ein so gewaltiger

Wechsel, dass Galilei hier mit starker Ablehnung rechnen musste. Unter solchen Umständen sei es laut Feyerabend durchaus vernünftig, irrationale Mittel einzusetzen, um die Gegenseite erst einmal dazu zu bringen, sich auf die neuen Ideen einzulassen.

Feyerabend führt weiterhin an, dass der Mensch eher eine spielerische Art habe, Entdeckungen zu machen, und dass Entdeckungen auch oft auf Zufällen beruhen. So habe der Mensch Geflügel vermutlich nicht wegen der Eier domestiziert, sondern zunächst für Hahnenkämpfe abgerichtet (Feyerabend 1986, 26f.). Ein Beispiel aus unserer Zeit für eine Zufallsentdeckung ist eine Beobachtung, die französische Ärzt*innen 2008 machten: Sie behandelten ein neugeborenes Baby mit einem großen Blutschwamm, einem gutartigen Tumor, erfolglos mit einem entzündungshemmenden Medikament. Als das Kind zwei Monate alt war, wurde außerdem eine Herzschwäche diagnostiziert, gegen die der Betablocker Propranolol gegeben wurde. Daraufhin bildete sich der Blutschwamm vollständig zurück. Die positive Wirkung von Propranolol auf Blutschwämme wurde also nur entdeckt, weil das Baby zufällig auch noch eine Herzschwäche hatte.

4.3.2 Einschränkung durch wissenschaftliche Regeln

Indem Wissenschaft sich von anderen Erkenntnisformen isoliere und das Handeln strikt nach wissenschaftlichen Regeln ausrichte, so Feyerabend, schränke sie sich in ihrer Freiheit ein und verhindere die Entdeckung von Unbekanntem. Dies werde Studierenden schon in der Ausbildung vermittelt:

> »Ein wesentlicher Bestandteil der Ausbildung, die solche Tatsachen entstehen lässt, ist die Bändigung und oft die völlige Kastration von Institutionen, die zu einer Verwischung der Grenzen führen könnten. Jemandes Religion etwa, oder seine Metaphysik, oder sein Humor [...] dürfen mit seiner wissenschaftlichen Tätigkeit nicht das geringste zu tun haben. Die Einbildungskraft wird eingeschränkt, selbst die Sprache eines Menschen ist nicht mehr seine eigene« (Feyerabend 1986, 16f.).

Weiterhin kritisiert Feyerabend eine in seinen Augen gewisse Überheblichkeit der Wissenschaft. Sie müsse sich eingestehen, nicht über die pas-

4.3 Anarchistische Wissenschaftstheorie

senden Werkzeuge zu verfügen, um alle Gegenstände in ihrer Vielfältigkeit und Komplexität ganz erfassen zu können. Ihr gesellschaftliches Monopol auf Erkenntnisfortschritt sei nicht gerechtfertigt. Stattdessen müsse die Dominanz der Wissenschaft im Bildungswesen und die staatlichen Aufwendungen, die für wissenschaftliche Ausbildungsbetriebe gemacht würden, kritisch hinterfragt werden (vgl. ebd., 289).

4.3.3 Anything goes

Feyerabend stellte sich einen Dialog mit einer Person vor, die eine allgemein bindende strikte Verfahrensweise für die Wissenschaftsausübung fordert. Dieser Person könne er nur entgegnen, dass es bedauerlicherweise kein solches Regelwerk gebe. Falls die Person aber doch eine Regel wolle, dann müsse diese lauten: »Anything goes« (Mach, was du willst.) (vgl. Feyerabend 1986, 382). Es ist eine ironische Antwort Feyerabends auf diese hypothetische Situation. Denn diese Regel ist so allgemein gehalten, dass sie immer gilt und nie gebrochen werden kann. Es sei jedoch die einzige Maxime, die sich seiner Ansicht nach angesichts der realen Wissenschaftsausübung durchhalten lasse – nämlich, dass es eigentlich keine allgemein verbindlichen Regeln und Erkenntnismethoden geben könne. Weil kein wissenschaftstheoretischer Ansatz und kein Erkenntnisweg Priorität hat, lässt sich die Anarchistische Wissenschaftstheorie im Übrigen auch keiner Erkenntnistheorie eindeutig zuordnen (▶ Kap. 2.1).

Aus der Abwesenheit einer allgemeingültigen wissenschaftlichen Methode – innerhalb einer Wissenschaftsdisziplin und erst recht zwischen verschiedenen Wissenschaftsdisziplinen – folgert Feyerabend auch, dass die gesellschaftliche Sonderrolle der Wissenschaft aufzuheben sei. Diese Sonderrolle gründe nämlich auf der Überzeugung, dass mit wissenschaftlichen Methoden erlangtes Wissen qualitativ besonders hochwertig sei. Wenn nun dieser Verfahrensweise aber häufig gar nicht gefolgt werde, dann sei auch die Sonderrolle der Wissenschaft nicht gerechtfertigt.

Es brauche also eine liberale wissenschaftliche Praxis, sozusagen einen »Anarchismus« in der Wissenschaft. Dies sei nicht nur eine Tatsache der Wissenschaftsgeschichte selbst, sondern auch notwendig für den weiteren Erkenntnisfortschritt. Anarchistisch ist Feyerabends Ansatz nicht deshalb,

4 Wissenschaftshistorische Ansätze

weil er keinerlei Regeln anerkennt oder den Rückfall in eine wissenschaftslose Zeit befürwortet, sondern weil er einen Methodenpluralismus fordert: Unter verschiedenen Umständen sollen verschiedene Methoden angewendet werden: »Einmal ist es besser, dogmatisch zu sein; dann ist es wieder besser, auf Falsifikationen zu achten; dann ist es wieder besser eine ad hoc Hypothese nach der anderen zu verwenden; dann ist es wieder besser zu schwindeln.« so schreibt er in einem Brief an den Philosophen Hans Albert (Feyerabend & Albert 2008, 198 f.).

Methodenpluralismus sei deswegen sinnvoll, weil alle Methoden ihre Grenzen hätten. Gebe es viele Methoden nebeneinander, könnten sie sich gegenseitig korrigieren und ergänzen. Hierbei sei eine offene, spielerische Haltung dienlich. Dies könne auch bedeuten, nicht-wissenschaftliche Methoden in Betracht zu ziehen oder fehlerhafte Arbeiten zu rezipieren: »[E]in Physiker zieht vielleicht eine schlampige und teilweise unverständliche Arbeit, die voller Fehler ist, einer kristallklaren Darstellung vor, weil sie eine natürliche Fortsetzung seiner eigenen, noch ziemlich unabgeklärten Forschung ist« (Feyerabend 1986, 288).

Was könnten nun Methodenpluralismus und »Anything goes« in der Sozialen Arbeit bedeuten? Im Folgenden wird ein Beispiel gegeben:

Fallbeispiel

Mika studiert seit einiger Zeit einen berufsbegleitenden Masterstudiengang. In ihrer Einrichtung für psychisch kranke wohnungslose Menschen, ist ihr aufgefallen, dass viele Bewohner*innen ein Alkoholproblem haben. In ihrer Masterarbeit will sie daher die Frage beantworten, ob und wie Wohnungslosigkeit und Alkoholkonsum einander bedingen. Hierbei greift sie im Sinne des Methodenpluralismus auf drei verschiedene sozialwissenschaftliche Methoden zurück:

Als erstes führt sie eine systematische Literaturrecherche zu ihrem Thema durch, um den aktuellen Forschungsstand kennenzulernen. Als zweites erhebt sie im Rahmen einer standardisierten Befragung wohnungsloser Menschen Daten zum Alkoholkonsum und zu Beginn und Verlauf der Wohnungslosigkeit. Diese Daten wertet sie u. a. dahingehend statistisch aus, ob der Alkoholkonsum in Phasen der Wohnungslosigkeit zunimmt. Als dritte Methode plant Mika qualitative Interviews

(▶ Kap. 1.2) mit Bewohner*innen der Einrichtung zu auslösenden und aufrechterhaltenden Faktoren des Alkoholkonsums. Mika ist mit dem Verlauf der Interviews jedoch nicht zufrieden, weil die Antworten der Interviewten eher oberflächlich bleiben. Da verletzt sie die wissenschaftliche Regel, sich selbst als interviewende Person zurückzunehmen, um die Befragten nicht zu beeinflussen. In einem Interview erzählt sie, wie sie in den Prüfungsphasen ihres Studiums darauf angewiesen war, jeden Abend ein bis zwei Bier zu trinken, um sich nicht zu viele Sorgen zu machen. Manfred, ihr Interviewpartner, sagt daraufhin: »Ich habe den Eindruck, dass Du wirklich verstehst, wie es gehen kann.« Dann erzählt er ihr ausführlich, wie er mit dem Alkoholkonsum begonnen hat, um die Situation auf der Straße zu ertragen, und wie er dann nicht mehr die Energie hatte, sich um entsprechende Hilfen zu kümmern. Andere Befragte reagieren ähnlich offen.

Mika zieht auch noch eine weitere nicht-wissenschaftliche Methode heran: Sie liest den Roman »Der Sandler« von Markus Ostermair (2020) über einen obdachlosen Menschen in München und erfährt Details, die in den wissenschaftlichen Verfahren bisher nicht zur Sprache kamen. Mit diesen Informationen kann Mika schließlich eine überzeugende Theorie entwickeln, wie Obdachlosigkeit Alkoholabhängigkeit bedingt und wie sich die beiden Faktoren wechselseitig verstärken.

Neben dem Methodenpluralismus fordert Feyerabend auch einen Theorienpluralismus. Seiner Ansicht nach, kann ein Phänomen meistens von mehr als einer Theorie erklärt werden. Alternativtheorien sollten möglichst ungewöhnlich sein und sich außerhalb geltender Gewissheiten stellen. Hierdurch könnten Wissenschaftler*innen viel eher etwas Neues entdecken, als wenn sie immer im Rahmen nur einer Theorie blieben. Hypothesen, die anerkannten Theorien oder wohlbestätigten Tatsachen widersprechen, nennt Feyerabend in Abgrenzung zum Logischen Empirismus »kontrainduktiv« (Feyerabend 1986, 33).

4.3.4 Bedeutung für die Soziale Arbeit

Soziale Systeme sind komplex, kulturell differenziert und dynamisch. Die Methoden zu ihrer Erfassung sind daher notwendigerweise unvollständig bzw. liefern begrenzte kontextspezifische, zweckabhängige Perspektiven. Daher erscheint Methodenpluralismus nicht nur plausibel, sondern geradezu notwendig. Mit dem sog. »Mixed-Methods«-Ansatz, bei denen qualitative und quantitative Verfahren (▶ Kap. 1.2) kombiniert werden, wird Pluralismus bspw. in den Sozialwissenschaften forschungsmethodisch umgesetzt. Auch auf wissenschaftstheoretischer Ebene könnten verschiedene Wissenschaftsauffassungen kombiniert werden. Auf praktischer Ebene entspräche der Anarchistischen Wissenschaftstheorie ein eklektischer Ansatz, d. h., je nach Problemlage der ratsuchenden Person werden Elemente aus unterschiedlichen Handlungsmethoden der Sozialen Arbeit eingesetzt.

Dabei sollten jedoch die angewendeten Methoden auch beherrscht werden und eine begründete Entscheidung für diejenige Methode getroffen werden, mit der die jeweilige Fragestellung am besten beantwortet werden kann. So sollte »Anything goes« nicht als »Mach, was du willst«, sondern als »Mach, was du willst, aber du musst wissen, was« verstanden werden (Kriz et al. 1990, 165).

Letztlich weist die Anarchistische Wissenschaftstheorie darauf hin, dass Wissenschaft auch mit Spaß betrieben werden kann, gleichsam als Kunst oder als Spiel. Es kann manchmal sinnvoll sein, absurden Annahmen nachzugehen – nicht als grundsätzliche Haltung, aber doch als Option. Und nicht zuletzt ist es auch ein versöhnlicher Gedanke, dass jeder wissenschaftstheoretische Ansatz auf seine Weise seine Berechtigung hat. Diese Abkehr vom Dogmatismus und diese Offenheit für andere Methoden sind durchaus positiv zu sehen. Eine solche Offenheit wird in der Sozialen Arbeit z. B. auch daran deutlich, dass gegenwärtig versucht wird, indigenes Wissen viel stärker einzubeziehen und anzuerkennen (siehe z. B. Straub 2016).

4.3.5 Kritische Einwände

Häufig wird der Anarchistischen Wissenschaftstheorie entgegengehalten, der technische Fortschritt der Menschheit sei ohne Wissenschaft gar nicht denkbar. Feyerabend hat allerdings gar nicht bestritten, dass Wissenschaft beeindruckende Ergebnisse hervorbringen kann. Er hat jedoch aufgezeigt, dass sich diese Ergebnisse nicht ausschließlich auf die korrekte Verwendung wissenschaftlicher Methoden zurückführen lassen.

Eine andere Überlegung ist, dass die Offenheit der Methodenwahl faktisch dadurch einschränkt wird, das Wissenschaftler*innen durch ihre Ausbildung meistens nur einige wenige Methoden gut beherrschen, andere hingegen kaum, z. B. die Erkenntniswege anderer Kulturkreise. Diese anderen Methoden können also de facto dann auch nicht richtig eingesetzt werden. Allerdings behauptet Feyerabend ja nicht, dass jeder und jede alles kann, sondern dass für verschiedene Fragestellungen verschiedene Methoden angewendet werden sollten. Die Freiheit der Methodenwahl wird darüber hinaus auch durch die in der wissenschaftlichen Praxis zur Verfügung stehenden Ressourcen begrenzt (Chalmers 2007, 128) – in den Sozialwissenschaften z. B. durch personelle Ressourcen für Datenerhebungen und zeitliche Begrenzungen von drittmittelfinanzierten Studien etc.

Außerdem wird kritisiert, dass Feyerabend aus der Abwesenheit einer allgemeingültigen wissenschaftlichen Methode folgert, dass die Sonderrolle der Wissenschaft aufzuheben sei. Das sei jedoch ein logischer Fehlschluss, da diese Sonderrolle auch anders begründet werden könne, nämlich damit, dass Wissenschaft im Vergleich zum Alltagswissen systematischer vorgehe (vgl. Hoyningen-Huene 2013, 165 ff.).

Schließlich weist das Fallbeispiel, in dem Mika eine wichtige Regel der qualitativen Forschung verletzt hat, auf eine weitere Problematik hin: Mika hat in dem Interview eigene Erfahrungen thematisiert und deswegen Erkenntnisfortschritte gemacht. Dadurch hat sie aber auch den Wert ihrer Ergebnisse gemindert. Denn es ist nicht auszuschließen, dass der Befragte in seinen Antworten dadurch stark beeinflusst wurde. Außerdem hat sie eine ethische Grenze überschritten, indem sie eine freundschaftliche Nähe signalisiert hat, die sie aber aus professioneller Sicht in ihrer beruflichen Praxis nicht wird beibehalten können. Die Verletzung wissenschaftlicher

Regeln muss daher, zumindest in den Sozialwissenschaften, sehr genau überdacht werden.

Auf den Punkt gebracht

Nach der Anarchistischen Wissenschaftstheorie werden die gängigen wissenschaftstheoretischen Ansätze in der Praxis nicht befolgt bzw. spiegeln wissenschaftliche Erkenntnisprozesse nicht korrekt wieder. Die gesellschaftliche Sonderrolle der Wissenschaft ist damit nicht gerechtfertigt. Daher befürwortet die Anarchistische Wissenschaftstheorie einen Methodenpluralismus und spricht sich auch für eine verstärkte Suche nach neuartigen und ungewöhnlichen Alternativtheorien aus.

Reflexionsfragen

- Meint Feyerabend mit dem Begriff »Methode« Forschungsmethoden oder wissenschaftstheoretische Ansätze oder beides? Begründen Sie!
- Sind wissenschaftliche Methoden anderen Erkenntnismethoden überlegen? Begründen Sie Ihre Meinung!
- Die Anarchistische Wissenschaftstheorie fordert Methodenpluralismus in der Forschung. Diskutieren Sie, ob in der Praxis ebenfalls viele verschiedene und auch nicht-wissenschaftliche Methoden angewendet werden sollten.
- Eine Studentin der Sozialen Arbeit möchte in ihrer Abschlussarbeit die Frage beantworten, ob ein mehrwöchiger Aufenthalt in der Natur gesundheitsfördernd wirkt. Finden Sie drei nicht-wissenschaftliche Methoden, um diese Frage zu beantworten und zeigen Sie deren Vor- und Nachteile auf.

Weiterführende Literatur

Feyerabend, Paul K. (1986): Wider den Methodenzwang. Skizze einer anarchistischen Erkenntnistheorie. Frankfurt/Main: Suhrkamp.

4.3 Anarchistische Wissenschaftstheorie

Hoyningen-Huene, Paul (2002): Paul Feyerabend – ein postmoderner Philosoph? Information Philosophie, 30–37.

Fazit: Wissenschaftstheorie für die Soziale Arbeit

Wissenschaftstheorie befasst sich mit den Möglichkeiten und Grenzen wissenschaftlicher Erkenntnis. Das breite Spektrum der in diesem Band dargestellten, ausgewählten Ansätze hat gezeigt, dass es Gemeinsamkeiten und Unterschiede zwischen den einzelnen Schulen gibt. Einige Ansätze wie die Hermeneutik und die Phänomenologie haben eher die Geisteswissenschaften im Blick. Andere Schulen wie der Logische Empirismus und der Kritische Rationalismus fokussieren die Naturwissenschaften. Dieser Dualismus bringt unterschiedliche Positionierungen mit sich, auch hinsichtlich der erkenntnistheoretischen Basis – Idealismus versus Realismus – als auch hinsichtlich der Erkenntnisziele – Verstehen versus Erklären – und der bevorzugten Forschungsmethoden – qualitativ oder quantitativ.

Ein weiterer Unterschied besteht darin, ob wissenschaftliche Erkenntnis eher aus einer normativen oder einer deskriptiven Perspektive betrachtet wird. Während Phänomenologie, Hermeneutik, Kritische Theorie, Logischer Empirismus und Kritischer Rationalismus mehr Wert darauf legen, wie Wissenschaft betrieben werden *sollte*, messen die wissenschaftshistorischen Ansätze der Paradigmentheorie, der Methodologie der Forschungsprogramme und der Anarchistischen Wissenschaftstheorie, der Beschreibung, wie Wissenschaft de facto betrieben *wurde* und wird, größere Bedeutung zu.

Für die Praxis der Sozialen Arbeit sind sowohl Theorien der Sozialen Arbeit relevant, weil sich aus ihnen Handlungsmöglichkeiten ableiten lassen, als auch empirische Forschungsergebnisse, weil sie eingebunden werden müssen, um professionell handeln zu können (vgl. Staub-Bernasconi 2012). Zum Verständnis beider Pfeiler – Theorie und Forschung – trägt die Wissenschaftstheorie bei.

Theorien Sozialer Arbeit lassen sich entsprechend ihrer wissenschaftstheoretischen Grundlagen in einen übergeordneten Rahmen einordnen. Bspw. beruft sich die Lebensweltorientierung als tragendes Konzept für methodisches Handeln in der Sozialen Arbeit u. a. auf die Phänomenologie (vgl. Hünersdorf 2017). Angesichts der Vielfalt der Theorien Sozialer Arbeit gibt Wissenschaftstheorie hier Orientierung: »Fehlt diese metatheoretische Landkarte, dann bleiben die Gegensätze der Theorien Sozialer Arbeit (z. B. Theorien der Lebenswelt vs. Systemtheorien usw.) im Grunde unverstanden« (Schlittmaier 2018, 60). Einen Überblick über die Auswirkungen wissenschaftstheoretischer Positionen auf den Theoriediskurs der Sozialen Arbeit geben Borrmann und Spatschek (2020, 228 ff.). Die entsprechende Publikation sei zur weiterführenden Lektüre empfohlen, da sie überdies zusätzliche, für die Soziale Arbeit relevante wissenschaftstheoretische Ansätze darstellt, die in dem vorliegenden Band aus Platzgründen nicht behandelt werden konnten.

In die empirische Forschung fließen ebenfalls wissenschaftstheoretische Grundlagen ein. Jeder wissenschaftstheoretische Ansatz weist dabei auf andere wichtige Aspekte hin. Bspw. zeigt der Kritische Rationalismus die Notwendigkeit auf, Hypothesen rigoros zu überprüfen. Dieser Anspruch kann als Impulsgeber dafür betrachtet werden, dass ein ausdifferenzierter Kanon sozialwissenschaftlicher Forschungsmethoden entwickelt wurde, der eine solche Überprüfung möglichst verlässlich gestattet.

Indem Wissenschaftstheorie sowohl für Theorien der Sozialen Arbeit als auch für empirische Forschung die Weichen stellt, hat sie einen *indirekten* Einfluss auf die Praxis. Aber sie kann auch einen *direkten* Einfluss ausüben, indem sie Grundhaltungen, die in der Praxis eingenommen werden können, beeinflusst. Zum Beispiel richtet die Kritische Theorie den Blick auf strukturelle gesellschaftliche Rahmenbedingungen, die soziale Probleme mitverursachen, und gibt der Praxis politische Impulse. Die Fallbeispiele, die in jedes Kapitel dieses Buches eingebunden waren, haben diese unterschiedlichen Verdienste der einzelnen Ansätze für die Praxis aufgezeigt. Mika, die Sozialarbeiterin, die wir vom Studium bis in die ersten Berufsjahre begleitet haben, konnte mit verschiedenen beruflichen Herausforderungen besser umgehen, weil sie durch die Beschäftigung mit den wissenschaftstheoretischen Ansätzen für unterschiedliche Aspekte in der

Praxis sensibilisiert war. Dies wird ihr auch zukünftig in ihrem Beruf helfen.

Diese praktische Relevanz von Wissenschaftstheorie wird von Dewe und Otto verneint. Sie gehen davon aus, dass die Transformation und Aneignung wissenschaftstheoretischer Ansätze eine Aufgabe ist, die die Praxis selbst erbringen muss, weil die Aufgabenfelder der Praxis so stark verschieden und spezifisch seien, dass Wissenschaftstheorie hier nur die Funktion haben könne, theoretische Optionen zu eröffnen und »eingeschlichene Reduktionen« aufzubrechen (Dewe & Otto 2018, 1838).

Allerdings ist zu fragen, inwiefern unterschiedliche wissenschaftstheoretische Ansätze von der Praxis überhaupt wahrgenommen werden, geschweige denn in einer solchen Weise transformiert werden, dass sie handlungsleitend sind. Hierzu ist nach Auffassung der Autorin eine Verständigung notwendig, die nicht nur von der Praxis ausgehen kann, sondern auch von der Wissenschaftstheorie ausgehen muss. Bereits in der Ausbildung sollten durch entsprechende Bezüge und Beispiele aus der Praxis ein Bewusstsein dafür geschaffen werden, dass ein wissenschaftstheoretisches Durchdringen und Begründen des eigenen Handelns den Handlungsspielraum in der Praxis erweitert, betonten doch in einer aktuellen Studie die befragten sozialpädagogischen Fachkräfte, dass die Bedeutung der Auseinandersetzung mit Theorien von ihnen erst in der Praxis erkannt wurde (Nugel 2022). Hätten sie deren Relevanz schon im Studium erkannt, hätten sie anders studiert. Zu einem solchen anderen Studieren will das vorliegende Buch einen Beitrag leisten.

Literaturverzeichnis

Adorno, Theodor W. (1951/1970): Minima Moralia. Reflexionen aus dem beschädigten Leben (3. Aufl.). Frankfurt/Main: Suhrkamp.

Adorno, Theodor W., Frenkel-Brunswik, Else, Levinson, Daniel J. & Sanford, R. Nevitt (1950): The Authoritarian Personality. New York: Harper and Brothers.

Batra, Anil (2012): Geschichte der Verhaltenstherapie. In: Anil Batra , Reinhard Wassmann & Gerhard Buchkremer (Hrsg.): Verhaltenstherapie. Grundlagen – Methoden – Anwendungsgebiete (4., vollständig überarb. Aufl.) (27–29). Stuttgart: Thieme.

Beck, Aaron. T., Rush, A. John, Shaw, Brian F. & Emery, Gary (2017): Kognitive Therapie der Depression (5., neu ausgest. Aufl., hrsg. von Martin Hautzinger). Weinheim: Psychologie Verlags Union.

Bettinger, Frank (2013): Bedingungen kritischer Sozialer Arbeit. In: Roland Anhorn, Frank Bettinger, Cornelis Horlacher & Kerstin Rathgeb (Hrsg.): Kritik der Sozialen Arbeit – kritische Soziale Arbeit (163–190). Wiesbaden: Springer VS.

Bischof, Norbert (2009): Psychologie. Ein Grundkurs für Anspruchsvolle (2., durchges. Aufl.). Stuttgart: Kohlhammer.

Borrmann, Stefan & Spatscheck, Christian (2020) (Hrsg.): Architekturen des Wissens (220–231). Weinheim: Beltz Juventa.

Descartes, René (1996): Von der Methode des richtigen Vernunftgebrauchs und der wissenschaftlichen Forschung. In: René Descartes (Hrsg.): Philosophische Schriften in einem Band (Original veröffentlicht im Jahr 1637). Hamburg: Meiner.

Dewe, Bernd & Otto, Hans-Uwe (2018): Wissenschaftstheorie. In: Hans-Uwe Otto, Hans Thiersch, Rainer Treptow & Holger Ziegler (Hrsg.): Handbuch Soziale Arbeit (6. Aufl.) (1833–1845). München: Reinhardt.

Dilthey, Wilhelm (1894/1964): Ideen über eine beschreibende und zergliedernde Psychologie, In: Wilhelm Dilthey (1964): Gesammelte Schriften, Bd. V: Die geistige Welt. Einleitung in die Philosophie des Lebens. Erste Hälfte. Abhandlungen zur Grundlegung der Geisteswissenschaften (4., unv. Aufl.) (139–240). Stuttgart: B. G. Teubner.

Literaturverzeichnis

Dilthey, Wilhelm (1927/1961): Gesammelte Schriften, Bd. VII: Der Aufbau der geschichtlichen Welt in den Geisteswissenschaften (hrsg. von Bernhard Groethuysen, 4., unv. Aufl.). Stuttgart: B. G. Teubner.

Engelke, Ernst, Borrmann, Stefan & Spatscheck, Christian (2018): Theorien der Sozialen Arbeit. Eine Einführung (7., überarb. u. erw. Aufl.). Freiburg/Breisgau: Lambertus.

Feyerabend, Paul K. (1975): Against Method: Outline of an Anarchistic Theory of Knowledge. Norfolk: Thetford Press.

Feyerabend, Paul K. & Albert, Hans (2008): Briefwechsel, Bd. 1: 1958–1971 (hrsg. von Wilhelm Baum). Klagenfurt, Wien: kitab.

Gadamer, Hans-Georg (1969/2010): Wahrheit und Methode. Grundzüge einer philosophischen Hermeneutik (Gesammelte Werke, Bd. 1.: Hermeneutik I, 7. Aufl.). Tübingen: Mohr Siebeck.

Lukács, Georg (1963): Die Theorie des Romans. Ein geschichtsphilosophischer Versuch über die Formen der großen Epik (2. Aufl.). Neuwied: Luchterhand.

Glasersfeld, Ernst von (2000): Konstruktion der Wirklichkeit und des Begriffs der Objektivität. In: Heinz Gumin & Heinrich Meier (Hrsg.): Einführung in den Konstruktivismus (9–40). Berlin: Springer.

Gloy, Karen (2004): Wahrheitstheorien. Tübingen, Basel: UTB.

Hoyningen-Huene, Paul (2013): Systematicity: The Nature of Science. Oxford: Oxford University Press.

Hoyningen-Huene, Paul (2015): Einführung in Erkenntnis- und Wissenschaftstheorie: Konstruktivismus in den Sozialwissenschaften. Unter: https://www.youtube.com/watch?v=XuDh-khVd0k. Zugriff am 24.10.2022.

Hume, David (1739/2003): A Treatise of Human Nature. Book I: Of the Understanding (Project Gutenberg). Unter: https://gutenberg.org/ebooks/4705. EPUB3.

Hünersdorf, Bettina (2017): Lebensweltorientierung revisited: Eine philosophisch-phänomenologische Perspektive. In: Gudrun Perko (Hrsg.): Philosophie in der Sozialen Arbeit (114–133). Weinheim: Beltz Juventa.

Husserl, Edmund (1928): Ideen zu einer reinen Phänomenologie und phänomenologischen Philosophie (3., unv. Abdruck). Halle: Max Niemeyer.

Kant, Immanuel (1803): Über Pädagogik. Bemerkungen aus den über diesen Gegenstand bei der Universität mehrmals gehaltenen Vorträgen (hrsg. von D. Friedrich Theodor Rink nach Kants Vorlesungsmaterial). Königsberg: Friedrich Nicolovius.

Kraus, Björn (2019): Relationaler Konstruktivismus – Relationale Soziale Arbeit. Von der systemisch-konstruktivistischen Lebensweltorientierung zu einer relationalen Theorie der Sozialen Arbeit. Weinheim: Beltz Juventa.

Kuhn, Thomas S. (1979): Logic of Discovery or Psychology of Research? In: Imre Lakatos & Alan Musgrave (Hrsg.): Criticism and the Growth of Knowledge (7. Aufl.) (1–24). Cambridge: Cambridge University Press.

Lakatos, Imre (1978/1982a): Falsifikation und die Methodologie wissenschaftlicher Forschungsprogramme. In: Imre Lakatos (Hrsg.): Die Methodologie der wissenschaftlichen Forschungsprogramme (Philosophische Schriften, Bd. 1, hrsg. von John Worral, Gregory Currie) (7–107). Wiesbaden: Springer.

Lakatos, Imre (1978/1982b): Wissenschaft und Pseudowissenschaft. In: Imre Lakatos (Hrsg.): Die Methodologie der wissenschaftlichen Forschungsprogramme (Philosophische Schriften, Bd. 1, hrsg. von John Worral, Gregory Currie) (1–6). Wiesbaden: Springer.

Lakatos, Imre (1979): Falsification and the Methodology of Scientific Research Programs. In: Imre Lakatos & Alan Musgrave (Hrsg.): Criticism and the Growth of Knowledge (7. Aufl.) (91–196). Cambridge: Cambridge University Press.

Lindenberg, Katajun (2018): 12-Monats-Effekte der PROTECT Studie: Wirksamkeit eines kognitiv-verhaltenstherapeutischen Trainings zur indizierten Prävention von Internetbezogenen Störungen. Sucht, 64 (1), 78–79.

Löbmann, Rebecca (2017): Evidenzbasierte Praxis. Ein Beitrag zum aktuellen Diskurs um die wissenschaftstheoretischen Grundlagen und forschungsmethodischen Implikationen für die Soziale Arbeit. Soziale Arbeit, 66 (1), 2–12.

Locke, John (1981): Versuch über den menschlichen Verstand, Bd. II (übersetzt und bearbeitet von J. H. von Kirchmann, Original veröffentlich im Jahr 1690). Hamburg: Meiner.

Luhmann, Niklas (1984): Soziale Systeme. Grundriss einer allgemeinen Theorie. Frankfurt/Main: Suhrkamp.

Luhmann, Niklas (1990): Die Wissenschaft der Gesellschaft. Frankfurt/Main: Suhrkamp.

Lukács, Georg (1963): Die Theorie des Romans. Ein geschichtsphilosophischer Versuch über die Formen der großen Epik (2. Aufl.). Neuwied: Luchterhand.

Mill, John Stuart (1873): System der deductiven und inductiven Logik. Eine Darlegung der Grundsätze der Beweislehre und der Methoden wissenschaftlicher Forschung (übersetzt von Theodor Gomperz). Leipzig: Fues.

Nugel, Martin (2022): Theorieverständnis von Fachkräften der Sozialen Arbeit. Vortrag auf der Online-Tagung der Deutschen Gesellschaft für Soziale Arbeit am 29./30. April 2022.

Obrecht, Werner A. (2000): Das Systemische Paradigma der Sozialarbeitswissenschaft und der Sozialen Arbeit. Eine transdisziplinäre Antwort auf die Situation der Sozialen Arbeit im deutschsprachigen Bereich und die Fragmentierung des professionellen Wissens. In: Hans Pfaffenberger, Albert Scherr & Richard Sorg (Hrsg.): Von der Wissenschaft des Sozialwesens (115–143). Wiesbaden: Ingo Koch.

Piaget, Jean (1937/1975): Der Aufbau der Wirklichkeit beim Kinde (Original veröffentlicht im Jahr 1937: La construction du réel chez l'enfant). Stuttgart: Klett.

Popper, Karl (1945/1992): Die offene Gesellschaft und ihre Feinde, Bd. 2: Falsche Propheten: Hegel, Marx und die Folgen (7., überarb. Aufl.). Tübingen: Mohr Siebeck.

Popper, Karl (1962): Conjectures and Refutations. The Growth of Scientific Knowledge. London, New York: Basic Book.

Putnam, Hilary (1982): Vernunft, Wahrheit und Geschichte. Frankfurt/Main: Suhrkamp.

Röder, Brigitte (2015): Jäger sind anders – Sammlerinnen auch. Zur Deutungsmacht des bürgerlichen Geschlechter- und Familienmodells in der Prähistorischen Archäologie. In: Tobias Kienlin (Hrsg): Fremdheit – Perspektiven auf das Andere (237–253). Bonn: Habelt.

Schleiermacher, Friedrich (1838): Hermeneutik und Kritik mit besonderer Beziehung auf das Neue Testament (hrsg. von Friedrich Lücke aus Schleiermachers handschriftlichem Nachlasse und nachgeschriebenen Vorlesungen). Berlin: Reimer.

Staub-Bernasconi, Silvia (2012): Der »transformative Dreischritt« als Vorschlag zur Überwindung der Dichotomie von wissenschaftlicher Disziplin und praktischer Profession. In: Roland Becker-Lenz, Stefan Busse, Gudrun Ehlert & Silke Müller-Hermann (Hrsg.): Professionalität Sozialer Arbeit und Hochschule: Wissen, Kompetenz, Habitus und Identität im Studium Sozialer Arbeit (163–186). Wiesbaden: Springer VS.

Stegmüller, Wolfgang (1966): Einheit und Problematik der wissenschaftlichen Welterkenntnis (Vortrag gehalten anlässlich des 494. Stiftungsfestes der Universität München am 2. Juli 1966). München: Max Huber.

Stemmler, Mark & Lösel, Friedrich (2010): Different Patterns of Boys' Externalizing Behavior and Their Relation to Risk Factors: A Longitudinal Study of Preschool Children. Bulletin de la Société des Sciences Médicales du Grand Duché de Luxembourg, 10 (1), 53–67.

Straub, Ute (2016): »All my relations« – indigene Ansätze und Relationalität in der Sozialen Arbeit. In: Frank Früchtel, Mischa Strassner & Christian Schwarzloos (Hrsg.): Relationale Sozialarbeit – versammelnde, vernetzende und kooperative Hilfeformen (S. 54–74). Weinheim: Beltz-Juventa.

Tversky, Amos & Kahneman, Daniel (1973): Availability: A Heuristic for Judging Frequency and Probability. Cognitive Psychology, 5 (2), 207–232.

Volbert, Renate & Dahle, Klaus-Peter (2010): Forensisch-psychologische Diagnostik im Strafverfahren. Göttingen: Hogrefe.

Watzlawick, Paul (2011): Münchhausens Zopf: oder Psychotherapie und Wirklichkeit. Aufsätze und Vorträge über menschliche Probleme in systemisch-konstruktivistischer Sicht (2., unver. Aufl.). Bern: Huber.

Watzlawick, Paul, Beavin, Janet H. & Jackson, Don D. (1969/2016): Menschliche Kommunikation. Formen, Störungen und Paradoxien (13. Aufl.). Göttingen: Hogrefe.

Westermann, Rainer (1987): Wissenschaftstheoretische Grundlagen der experimentellen Psychologie. In: G. Lüer (Hrsg.): Allgemeine experimentelle Psychologie (5–42). Stuttgart: Fischer.